U1013354

旅游高等职业院校精品课程系列教材

职业道德与实践

ZHIYE DAODE YU SHIJIAN

代　银 / 主　编
邓珊珊 / 副主编

中国旅游出版社

项目策划：张文广
项目统筹：谯　洁
责任编辑：谯　洁　李宜真
责任印制：冯冬青
封面设计：中文天地

图书在版编目（CIP）数据

职业道德与实践 / 代银主编 ; 邓珊珊副主编 .
北京 : 中国旅游出版社 , 2025. 3. -- ISBN 978-7
-5032-7503-6

Ⅰ. F590.63

中国国家版本馆 CIP 数据核字第 2024447G8P 号

书　　名：职业道德与实践

作　　者：代银主编　邓珊珊副主编
出版发行：中国旅游出版社
（北京静安东里 6 号　邮编：100028）
https://www.cttp.net.cn　E-mail: cttp@mct.gov.cn
营销中心电话：010-57377103，010-57377106
读者服务部电话：010-57377107
排　　版：北京中文天地文化艺术有限公司
印　　刷：北京工商事务印刷有限公司
版　　次：2025 年 3 月第 1 版　2025 年 3 月第 1 次印刷
开　　本：787 毫米 ×1092 毫米 1/16
印　　张：11.25
字　　数：175 千
定　　价：48.00 元
I S B N　978-7-5032-7503-6

版权所有　翻印必究

如发现质量问题，请直接与营销中心联系调换

旅游高等职业院校精品课程系列教材
编写指导委员会

主　任：陈　敏

副主任：郭　君　柏文涌

委　员：肖泽平　曾声隆　袁昌曲　郭艳芳　谢　强　何守亮
　　　　高　翔　于才年　刘大龙　陈　泉　代　银

《职业道德与实践》编委会

主　编：代　银

副主编：邓珊珊

参　编：周昌芹　周　涛　杨翼鸿　余　游　何　英　符晓艳
　　　　吴月乔

前　言

“读万卷书，行万里路。”告诉我们要知行合一，“知是行之始，行是知之成”告诉我们实践的重要性，理论知识只有与实践相结合，才能更好地“内化于心、外化于行”。思想道德与法治课程针对大学生成长过程中面临的思想道德与法治问题，从理论上开展马克思主义的人生观、价值观、理想信念、爱国主义、道德观、法治观等的教育。本书作为思想道德与法治课程的实践配套教材，希望从实践层面培养大学生运用理论知识分析和解决人生问题矛盾的能力，提升大学生践行社会主义核心价值观的能力，提升大学生自我修养和分辨是非、善恶、真假、美丑的能力，提高大学生尊法、学法、守法、用法、护法的能力，成为让党放心、爱国奉献、担当民族复兴重任的新时代人才。

本书紧密围绕《思想道德与法治》教材内容设计，从传统文化的传承、爱国主义精神的弘扬，到社会公德、职业道德、家庭美德的践行，设置了“问卷调查”“情景演绎”“访谈宣讲”等实践任务，让学生在不同生活场景中践行道德规范，培养分析和解决问题的能力。在法治观念培育方面，设置社区（村镇）法律宣讲、模拟法庭等活动，培养学生的法治意识与运用能力。

本书注重实用性，在选取实践活动时始终坚持紧密联系生活的原则，安排形式多样的实践活动，如实地调研、情景演绎、志愿服务等。同时，注重过程性学习，通过多维环节设计引导学生深入思考、积极探索，培养学生自主学习能力和综合素质。

本书注重统一性，按照“实践教学目标”“实践方案”“实际要求”“知识拓展”等模块展开教学活动，目标明确、路径清晰、方案详细、资料丰富为实际教学的开展提供了行动指南和实施框架。

本书从《思想道德与法治》教材中选取七个主题进行设计，共计七章。周涛撰写第一章“做好新时代的文化传承人”；杨翼鸿撰写第二章“做爱国奉献的践行者”；邓珊珊撰写第三章“做保护环境的卫士”；余游撰写第四章“做爱岗敬业的示范者”；何英撰写第五章“做尊老爱幼好青年”；符晓艳撰写第六章“做一名自律自强自我约束者”；吴月乔撰写第七章“做一名尊法学法守法用法的奉法者”。

在本书编写过程中我们努力拓展内容的深度，尽力对标《思想道德与法治》教材中的知识点，但能力不足，未能完全覆盖所有知识点，加之缺乏经验且水平有限，不足之处在所难免，敬请大家批评指正。

2025 年 1 月 13 日

于重庆黔江

目录

Contents

4 第四章 做爱岗敬业的示范者

第五章
做尊老爱幼好青年

第六章
做一名自律自强自我约束者

第一章

做好新时代的文化传承人

◆ 导语

2023 年 6 月，习近平总书记在文化传承发展座谈会上强调，“在新的起点上继续推动文化繁荣、建设文化强国、建设中华民族现代文明，是我们在新时代新的文化使命”。中华文化上下五千年，对促进中华民族繁荣昌盛乃至世界发展，都发挥了重要作用。在历史上，中国古代的“四大发明”有力推动了人类文明的发展，在今天，华夏儿女继承和发展中华优秀传统文化，为世界发展贡献中国智慧。中华优秀传统文化源远流长、博大精深，自古至今，一直大放异彩。作为中华儿女，坚定文化自信的前提，就是要在了解和学习中华优秀传统文化的基础上，进一步继承并弘扬优秀传统文化，坚持将马克思主义基本原理与中华优秀传统文化相结合，努力实现传统文化的创造性转化和创新性发展，让传统文化在新时代焕发新的生机与活力，不断涵养中华儿女的精神世界，为实现中华民族伟大复兴提供不竭的精神动力。

实践项目一　参观民族博物馆或纪念馆

一、实践教学目标

中华优秀传统文化作为中华文明的智慧结晶，是中华文明熠熠生辉、薪火相传的基因密码。一百多年来，一代又一代共产党人把马克思主义基本原理同中国具体实际相结合，在实现民族独立和人民解放、国家富强和人民富裕的实践中形成的革命文化，是中华民族的宝贵精神财富和中国精神的重要组成部分。当代青年作为革命文化的传承人和发展者，肩负着全面建设社会主义现代化国家的历史重任。通过本次实践教学使我们进一步了解中华优秀传统文化和革命文化，深刻感知中华优秀传统文化和革命文化的历史地位和现实意义，让我们永葆革命锐气，勇做时代先锋，让我们的青春在为祖国、为人民的奉献中焕发出绚丽光彩。

二、实践教学流程

（一）项目分组

每 10 人为一组，选出各组组长，明确组长职责。

（二）确定参观主题和参观地点

在教师指导下选择民族博物馆或革命文化纪念馆制订参观计划，明确参观时间和出行方式。

（三）制订参观计划

各组组长带领小组成员制订参观计划交给学习委员汇总，汇总后将各小组的参观主题、地点、时间做成表格并发给老师。

（四）总结

各组组长按照计划组织小组成员完成参观，参观结束两周内每人完成一篇不少于 1000 字的观后感。

参观心得			
参观地点			
参观人		参观时间	
参观感想：认真回顾参观过程中印象最深的人、物和事迹，重点集中于参观后的认识和感受，有何新的收获和认识，不少于 800 字，严禁抄袭。此表为活页式，完成之后放入教材相应位置。			

续表

参观照片（每个成员 + 合照）

三、实践活动要求

1. 遵守纪律，按照参观地的要求有序参观。
2. 以小组为单位参观，并附参观照片。
3. 填写参观心得活页并张贴至教材相应位置。

知识拓展

参观博物馆要提高参观效率，必须做好前期准备工作，一般来说，参观大致可分为四步。

（一）收集信息

1. 了解博物馆的基本情况。在参观之前，通过网络查找、电话咨询等方式了解博物馆的基本情况，如博物馆近期展览主题与参观要求。

2. 确定博物馆位置和馆区。在参观之前确定博物馆展区数量和规模，选择自己要参观的馆区位置。

3. 了解博物馆的开闭馆时间。博物馆并非全天、全时段开放，可能会因为定期设备检修和维护工作而临时闭馆，要提前在博物馆官网上或者通过拨打官方电话咨询相关信息，避免耽误参观行程。

4. 了解博物馆中的专题展。专题展聚焦某一个主题，内容丰富，能让我们获得更多收获。参观之前要了解博物馆的专题展信息，遇到多个专题展时要围绕参观目标规划好参观行程，突出参观重点、兼顾兴趣爱好。同时积极参加馆内临时举办的活动，增强对专题展的了解和体验。

（二）物资准备

“兵马未动，粮草先行”，参观博物馆时间相对较长，做好充足的物质准备能有效提高参观的体验感和参观效率。

一是必备物资，如纸巾、矿泉水、手机、相机和充电宝。二是选择性物资，如风油精、便携坐垫、遮阳伞、博物馆参观图等。选择合适的背包或挎包，尽量不要使用手提包。

（三）现场参观

进入博物馆后领取宣传册，了解各展区位置，根据需要或兴趣，选定参观展区，规划参观流程和路线。

参观过程中要认真阅读每个展区的前言，对整个展览有宏观的认识，并了解展览的性质、内容、主题、展品来源、数量与特点，展览各部分的关系和展览路线。

参观时要先看文字，再看展品，在把握整体线索的前提下丰富细节。参观过程中根据实际需要，在可以拍照片的地方拍摄一些照片，照片取景要广，尽量把展品和文字都拍下来，并做好记录或备注，方便后期整理照片。

（四）总结

参观结束后，要及时整理照片和资料，从中获得体验，更新认知。要做好参观总结和反思，及时记录参观心得体会，并对照参观目标的达成情况分析存在的问题和取得的经验，为下次参观提供参考。

参观完成后各组组长要把所有资料整理归档。

实践项目二　制作文化作品

一、实践教学目标

文化因传承而发展，文明因赓续而灿烂，中华文化上下五千年，这些拥有悠久历史的优秀文化需要传承，否则就会在历史的长河中湮没，我们就会失去自己的根和魂。青年是传承中华优秀传统文化和革命文化的重要力量，此次实践教学旨在培养青年用实际行动传承中华优秀传统文化和革命文化，在传承和弘扬的实践中进一步体悟中华优秀传统文化和革命文化的魅力。

二、实践活动方案

（一）项目分组

按照手工技艺项目分组，学生根据自己的兴趣爱好，选择适合自己的手工技艺项目。

（二）确定各组的主题和展示形式

各组确定制作主题和展示形式，主题要求与优秀传统文化或革命文化相关，形式包括技能类作品（如木雕、剪纸、陶艺作品等）展示和表演类（如话剧、小品、舞台剧等）作品展示，确定后各组组长将参加的成员、主题和形式报给老师。

（三）制订实施计划并组织实施

各组制订实施计划，并在学期结束前两周以小组为单位提交制作完成的作品。

<table>
<tr><th colspan="4">作品实施方案记录表</th></tr>
<tr><td>主题</td><td></td><td>成员</td><td></td></tr>
<tr><td>预期成果类型</td><td colspan="3">技艺类（　　）表演类（　　）其他________________</td></tr>
<tr><td colspan="4">成果实施计划或拟开展方案（主要介绍为何选取该种成果、推进思路及预期效果）：</td></tr>
</table>

三、实践活动要求

1. 各组在实施方案中要明确成员分工。
2. 要分析预期计划或方案的可行性。
3. 表演类成果的时间控制在 15 分钟以内。
4. 技艺类作品拍照上传学习通，表演类作品以视频形式上传。

知识拓展

拓展一：文化传承案例

（一）“95 后”小伙传承国家级“非物质文化遗产”麦秆画

麦秆画制作技艺至今已有 1400 多年历史，目前是国家级“非物质文化遗产”项目。在江苏常州武进国家高新区喜盈门社区，有一位“95 后”的小伙子郭畅旭，经过 13 年的学习摸索，遍访名师，不但创立了自己的麦秆画创客工作室，成为麦秆画制作技艺“非遗”传承人，还获评“江苏好青年”提名奖。

（二）“90 后”小伙成为叶雕非物质文化遗产传承人

湖北咸宁“90 后”小伙丁力是叶雕非物质文化遗产的传承人。丁力以优秀传统文化为素材进行创作，取得了丰硕成果，目前已创作出敦煌莫高窟、大唐西域记等系列作品。

（三）通过自主创业实现传承“非遗”文化的远大志向

因深受父母做面塑的影响，李子艺在少年时期便立下传承和传播非遗文化的远大志向，为此，她努力学习、苦练技艺。在无锡工艺职业技术学院上学时，她以作品会友，结识了一群致力于非遗文化传播方面志同道合的同学，并于 2020 年 3 月注册成立了“徐州子艺文化艺术有限公司”，正式走上了创业之路。

（四）潜心创作带有“历史文化”的扇子

孔丽琴，1980年生，做扇子是她的工作，同时，对扇子文化的学习是她的一大爱好，所以她平时还不断地研究中国扇艺文化，她认为只有真正地了解扇子文化，才能将心融入制扇的工作中，做出一把把带有“历史文化”的扇子。

（五）世代传承广绣文化

1993年，梁晓曼出生于番禺北亭村广绣世家，自清朝以来，她的家族世代以制作广绣为生，梁晓曼是最年轻一代的广绣传承人。从五六岁开始，她就跟着母亲梁秀玲（广绣大师）学习广绣。为了探索广绣更多的可能性，梁晓曼上大学时特意选择了环境艺术设计专业，想将广绣融入人们的生活环境中。

拓展二：陶艺制作步骤

陶艺制作过程步骤如下：

第一步，准备好材料，进行拉坯成型。

第二步，将拉好的坯放在光下进行晾干。

第三步，晾干后，刻字。

第四步，上釉，给杯子穿上漂亮的外衣。

第五步，将杯子放入机器上烧制到1240℃。

第六步，将杯子取出，陶艺制作完成。

陶艺的主要制作方法有拉坯成型、泥板成型、泥塑成型、泥条盘筑、捏塑、素坯彩绘等。

拉坯成型。是利用拉坯机产生的离心运动，在旋转过程中，对含水半固化状态的泥料按照设计构思拉伸成型。

泥板成型。用泥板制作陶艺最主要的特征就是容易形成较大的完整的表面，成型速度较快。

泥塑成型。利用泥塑的方法进行陶艺成型，也叫实泥成型。

泥条盘筑。泥条法是通过泥条来构筑成型的一种盘筑技法。

捏塑。捏塑是用手捏成，多属小件玩具，如唐宋两代各种姿态的娃娃、杂技人、牛羊马狗猴等十二辰属相等。

素坯彩绘。是用颜料在素烧的花瓶、碗、盘、罐等器物（素坯）上绘画。

实践项目三　拍摄文化宣传视频

一、实践教学目标

中华优秀传统文化和革命文化历久弥新，作为中华儿女，我们应该积极宣传中华优秀传统文化，让更多中华儿女感受到其独特的魅力和价值，通过宣传，让中华优秀传统文化和革命文化为更多中华儿女的成长提供不竭的精神动力。

本次实践教学旨在加深学生对中华优秀传统文化和革命文化的感知，体会其中弥足珍贵的价值意蕴。

二、实践活动方案

（一）项目分组

以小组为单位分组，每组人数 3 ~ 5 人。

（二）确定拍摄主题和计划

各组在老师指导下确定拍摄主题和拍摄计划。

（三）制定拍摄脚本

围绕主题制定拍摄脚本，提交老师审核。

（四）拍摄与剪辑

按照统一的画面尺寸、像素要求使用手机、摄像机等摄像器材实施拍摄。拍摄完成后开展后期剪辑制作，确保像素、画面尺寸符合要求，并加入片头、片尾和字幕。

（五）作品展示

学期结束前三周，完成视频提交，经老师审阅同意后各小组成员可以将视频推送至个人微博、微信朋友圈、QQ 空间等平台，教师将筛选出来的优秀视频存档。

文化宣传视频拍摄记录表	
成员及分工	
主题	

续表

拍摄计划	
拍摄活动	完成时间（ 月 日— 月 日）
小组分工	例： 月 日，小组分工如下：
视频构思	例： 月 日，视频构思如下：
脚本撰写	例： 月 日，视频脚本如下：
视频拍摄	例： 月 日，开展视频拍摄，并放入拍摄过程照片。
视频剪辑	如实记录
视频提交	如实记录

三、实践活动要求

1. 如实填写拍摄记录表，并将填写完成的记录活页放入教材相应位置。

2. 视频需要有片头，且对成员分工进行说明，视频成片时长在5分钟以内。

3. 视频录制软件不限，采用H.264/AVC（MPEG—4 Part10）编码格式压缩；动态码流的码率不低于1024kbps，不超过1280kbps；分辨率设定为720×576（标清4∶3拍摄）或1280×720（高清16∶9拍摄）；采用逐行扫描（帧率25帧/秒）。音频采用AAC（MPEG4 Part3）格式压缩；采样率48kHz；码流128kbps（恒定）。采用MP4格式封装，文件大小不超过200M，视频文件以“班级+成员名称”命名。

4. 视频制作与审核必须认真负责，一经推送，原则上不能删除。

知识拓展

拓展一：视频制作流程

（一）拍摄准备

1. 确定主题。无论是制作视频还是写文章，都要先确定一个主题。确定主题以后，才有明确的目标，才能针对性地设计情节和素材。

2. 脚本创作。这是短视频制作的核心，最终拍出来能呈现成什么样，很大程度看脚本。脚本就是把文案转化成能用视频形式表达的方式，是短视频的拍摄提纲、框架，这个提纲和框架为后续的拍摄、剪辑、道具准备等提供了流程指导。短视频常用的脚本以分镜头脚本居多，必须详细到对每一个镜头进行细致的设计。

5分钟的视频，脚本台词一般不超过1000字。单个镜头时长要提前标注清楚，方便在剪辑的时候找到重点，提升剪辑效率。要站在观众角度上考虑如何呈现更吸引人，更有趣，如何拍才能让观众更投入，更有感觉。在文案上要做到有代入感和获得感，一方面可以转换视角，把文案中所有出发点的“我”换成“你”，另一方面，想清楚视频中哪些内容是别人看完后会觉得有收获的，并以此为选题，剩下的文案都围绕这个主题来写，多案例佐证，多视角讲解，多转折分享。

（二）拍摄过程

脚本敲定后就可以开始拍摄了，规划好拍摄时间，在拍摄时需要注意：拍摄前检查设备是否正常，电池充满电。为了保持拍摄稳定，拍摄时也不要有大幅度的姿势调节，还要准备三脚架、手持稳定器或者自拍杆，保持画面清晰、无抖动。按照既定的场地、出镜人物、道具进行拍摄，新手不建议即兴发挥。另外拍摄的画面要么全部横屏拍摄、要么全部竖屏拍摄，以方便后期剪辑制作。在拍摄过程中，可以多拍几个角度，后期剪辑起来会更丰富，画面更好看。下面是基础的拍摄技巧，以拍摄人物为例：

远景：把整个人和环境拍摄在画面里面，常用来展示事件发生的时间、环境、规模和气氛。

全景：比远景更近一点，把人物的身体整个展示在画面里面，用来表现人物的全身动作，多用于展现人物之间的互动。

中景：拍摄人物膝盖至头顶的部分，不仅能够使观众能够看清人物的表情，而且有利于显示人物的形体动作。

近景：拍摄人物胸部以上至头部的部位，非常有利于表现人物的面部或者是其他部位的表情、神态，甚至是细微动作。

一些常见的运镜技巧：

前推后拉：将镜头匀速移近或者远离被摄体，向前推进镜头是通过从远到近的运镜，使景别逐渐从远景、中景到近景，甚至是特写。这种方法容易突出主体，能够让观者的视觉逐步集中。

环绕运镜：要保持相机位置不变，通过以被摄体为中心手持稳定器进行旋转移动。视角会有巡视的感觉，能够突出主体、渲染情绪，让整个画面更有张力。

低角度运镜：使镜头以低角度甚至是贴近地面的角度进行拍摄，越贴近地面，所呈现的空间感则更强烈，多用于拍摄宠物。低角度拍摄能够更加聚焦于某一部位，突出细节。

（三）素材剪辑

首先是按照录音来匹配视频素材，市场上有很多的剪辑软件，如剪映、pr 等，可以在网络上搜集相关视频进行学习。

另外，剪完后先不要加 BGM，先听一遍有没有爆音或喷麦情况，以及和素材是否同帧，确认无误后再加 BGM（加与不加视情况而定）。若增加 BGM，要注意增益比录音稍微低点，与录音的音频线起伏不要过大。

掌握节奏运动镜头与固定镜头的组接，尽量不要同景别镜头进行组接，但特写镜头除外，要做到对点剪辑。在这有限的时间里一定要注意画面素材和情节推进的节奏适配度，剪辑能否成功，关键要看每一个画面的转换是否正好落在剪辑点上，该停的不停就显得拖沓，不该停的反而停就有跳跃感。需要注意的是，刚开始大概率会拍得比原定时长长，所以就要学会如何把视频缩短，如何把视频接上去，以及怎么转场。转场是可以给视频加分的选项，它对影片的流畅度，情节的发展都有着重要作用，不同的转场技巧对剧情衔接、剧情走向、影片节奏、观众情绪等都会产生不一样的效果。缓淡，闪白，定格等手法都要根据不同场景和展现的情节氛围来设计。剪辑不是单纯把素材串联起来就完了，怎么设计情节，怎么渲染画面感染力，怎么衔接流畅等都是需要摸索的，也就是要有“剪辑思维”。

拓展二：习近平总书记在文化传承发展座谈会上发表重要讲话

今天，我们召开文化传承发展座谈会。座谈会之前，我先后参观了新建成的中国国家版本馆和中国历史研究院的考古博物馆，很有收获。

成立中国历史研究院、中国国家版本馆，是党中央作出的重大决策。中华民族具有百万年的人类史、一万年的文化史、五千多年的文明史。这次参观考察中国历史研究院、中国国家版本馆，我更加深切感到中国文化源远流长，中华文明博大精深。只有全面深入了解中华文明的历史，才能更有效地推动中华优秀传统文化创造性转化、创新性发展，更有力地推进中国特色社会主义文化建设，建设中华民族现代文明。

文化关乎国本、国运。这段时间，我一直在思考推进中国特色社会主义文化建设、建设中华民族现代文明这个重大问题。这也是召开这次座谈会的原因。这里，我讲 3 个问题。

（一）深刻把握中华文明的突出特性

中华优秀传统文化有很多重要元素，比如，天下为公、天下大同的社会理想，民为邦本、为政以德的治理思想，九州共贯、多元一体的大一统传统，修齐治平、兴亡有责的家国情怀，厚德载物、明德弘道的精神追求，富民厚生、义利兼顾的经济伦理，天人合一、万物并育的生态理念，实事求是、知行合一的哲学思想，执两用中、守中致和的思维方法，讲信修睦、亲仁善邻的交往之道等，共同塑造出中华文明的突出特性。

中华文明具有突出的连续性。中华文明是世界上唯一绵延不断且以国家形态发展至今的伟大文明。这充分证明了中华文明具有自我发展、回应挑战、开创新局的文化主体性与旺盛生命力。深厚的家国情怀与深沉的历史意识，为中华民族打下了维护大一统的人心根基，成为中华民族历经千难万险而不断复兴的精神支撑。中华文明的连续性，从根本上决定了中华民族必然走自己的路。如果不从源远流长的历史连续性来认识中国，就不可能理解古代中国，也不可能理解现代中国，更不可能理解未来中国。

中华文明具有突出的创新性。中华文明是革故鼎新、辉光日新的文明，静水流深与波澜壮阔交织。连续不是停滞、更不是僵化，而是以创新为支撑的历史进步过程。中华民族始终以“苟日新，日日新，又日新”的精神不断创造自己的物质文明、精神文明和政治文明，在很长的历史时期内作为最繁荣最强大的文明体屹立于世。中华文明的创新性，从根本上决定了中华民族守正不守旧、尊古不复古的进取精神，决定了中华民族不惧新挑战、勇于接受新事物的无畏品格。

中华文明具有突出的统一性。中华文明长期的大一统传统，形成了多元一体、团结集中的统一性。“向内凝聚”的统一性追求，是文明连续的前提，也是文明连续的结果。团结统一是福，分裂动荡是祸，是中国人用血的代价换来的宝贵经验教训。中华文明的统一性，从根本上决定了中华民族各民族文化融为一体、即使遭遇重大挫折也牢固凝聚，决定了国土不可分、国家不可乱、民族不可散、文明不可断的共同信念，决定了国家统一永远是中国核心利益的核心，决定了一个坚强统一的国家是各族人民的命运所系。

中华文明具有突出的包容性。中华文明从来不用单一文化代替多元文化，而是由多元文化汇聚成共同文化，化解冲突，凝聚共识。中华文化认同超越地域乡土、血缘世系、宗教信仰等，把内部差异极大的广土巨族整合成多元一体的中华民族。越包容，就越是得到认同和维护，就越会绵延不断。中华文明的包容性，从根本上决定了中华民族交往交流交融的历史取向，决定了中国各宗教信仰多元并存的和谐格局，决定了中华文化对世界文明兼收并蓄的开放胸怀。

中华文明具有突出的和平性。和平、和睦、和谐是中华文明五千多年来一直传承的理念，主张以道德秩序构造一个群己合一的世界，在人己关系中以他人为重。倡导交通成和，反对隔绝闭塞；倡导共生并进，反对强人从己；倡导保合太和，反对丛林法则。中华文明的和平性，从根本上决定了中国始终是世界和平的建设者、全球发展的贡献者、国际秩序的维护者，决定了中国不断追求文明交流互鉴而不搞文化霸权，决定了中国不会把自己的价值观念与政治体制强加于人，决定了中国坚持合作、不搞对抗，决不搞“党同伐异”的小圈子。

（二）深刻理解“两个结合”的重大意义

在五千多年中华文明深厚基础上开辟和发展中国特色社会主义，把马克思主义基本原理同中国具体实际、同中华优秀传统文化相结合是必由之路。这是我们在探索中国特色社会主义道路中得出的规律性认识。我们一直强调把马克思主义基本原理同中国具体实际相结合，现在我们又明确提出“第二个结合”。我说过，如果没有中华五千年文明，哪里有什么中国特色？如果不是中国特色，哪有我们今天这么成功的中国特色社会主义道路？只有立足波澜壮阔的中华五千多年文明史，才能真正理解中国道路的历史必然、文化内涵与独特优势。

历史正反两方面的经验表明，“两个结合”是我们取得成功的最大法宝。

第一，“结合”的前提是彼此契合。“结合”不是硬凑在一起的。马克思主义和中华优秀传统文化来源不同，但彼此存在高度的契合性。比如，天下为公、讲信修睦的社会追求与共产主义、社会主义的理想信念相通，民为邦本、为政以德的治理思想与人民至上的政治观念相融，革故鼎新、自强不息的担当与共产党人的革命精神相合。马克思主义从社会关系的角度把握人的本质，中华文化也把人安放在家国天下之中，都反对把人看作孤立的个体。相互契合才能有机结合。正是在这个意义上，我们才说中国共产党既是马克思主义的坚定信仰者和践行者，又是中华优秀传统文化的忠实继承者和弘扬者。

第二，“结合”的结果是互相成就。“结合”不是“拼盘”，不是简单的“物理反应”，而是深刻的“化学反应”，造就了一个有机统一的新的文化生命体。一方面，马克思主义把先进的思想理论带到中国，以真理之光激活了中华文明的基因，引领中国走进现代世界，推动了中华文明的生命更新和现代转型。从民本到民主，从九州共贯到中华民族共同体，从万物并育到人与自然和谐共生，从富民厚生到共同富裕，中华文明别开生面，实现了从传统到现代的跨越，发展出中华文明的现代形态。

另一方面，中华优秀传统文化充实了马克思主义的文化生命，推动马克思主义不断实现中国化时代化的新飞跃，显示出日益鲜明的中国风格与中国气派，中国化马克思主义成为中华文化和中国精神的时代精华。“第二个结合”让马克思主义成为中国的，中华优秀传统文化成为现代的，让经由“结合”而形成的新文化成为中国式现代化的文化形态。

第三，“结合”筑牢了道路根基。我们的社会主义为什么不一样？为什么能够生机勃勃、充满活力？关键就在于中国特色。中国特色的关键就在于“两个结合”。中国特色社会主义道路首先是社会主义，这是从马克思主义那里来的；同时，中国文化中朴素的社会主义元素也提供了中国接受马克思主义的文化基础。建设中国特色社会主义，我们的道路越走越宽广、越走越坚定。在中国特色社会主义新时代，党和国家的事业之所以取得了历史性成就、发生了历史性变革，一个重要原因就是我们坚持了“两个结合”。中国特色社会主义道路是在马克思主义指导下走出来的，也是从五千多年中华文明史中走出来的；“第二个结合”让中国特色社会主义道路有了更加宏阔深远的历史纵深，拓展了中国特色社会主义道路的文化根基。中国式现代化是强国建设、民族复兴的康庄大道。中国式现代化赋予中华文明以现代力量，中华文明赋予中国式现代化以深厚底蕴。中国式现代化是赓续古老文明的现代化，而不是消灭古老文明的现代化；是从中华大地长出来的现代化，不是照搬照抄其他国家的现代化；是文明更新的结果，不是文明断裂的产物。中国式现代化是中华民族的旧邦新命，必将推动中华文明重焕荣光。

第四，“结合”打开了创新空间。“结合”本身就是创新，同时又开启了广阔的理论和实践创新空间。“第二个结合”让我们掌握了思想和文化主动，并有力地作用于道路、理论和制度。从这个角度看，我们党开创的人民代表大会制度、政治协商制度，与中华文明的民本思想，天下共治理念，“共和”“商量”的施政传统，“兼容并包、求同存异”的政治智慧都有深刻关联。我们没有搞联邦制、邦联制，确立了单一制国家形式，实行民族区域自治制度，就是顺应向内凝聚、多元一体的中华民族发展大趋势，承继九州共贯、六合同风、四海一家的中国文化大一统传统。更重要的是，“第二个结合”是又一次的思想解放，让我们能够在更广阔的文化空间中，充分运用中华优秀传统文化的宝贵资源，探索面向未来的理论和制度创新。

第五，“结合”巩固了文化主体性。任何文化要立得住、行得远，要有引领力、凝聚力、塑造力、辐射力，就必须有自己的主体性。中国共产党历来重视文化，新时代我们在道路自信、理论自信、制度自信的基础上增加了文化自信。文化自信就来自我们的文化主体性。这一主体性是中国共产党带领中国人民在中国大地上建立起来的；是在创造性转化、创新性发展中华优秀传统文化，继承革命文化，发展社会主义先进文化的基础上，借鉴吸收人类一切优秀文明成果的基础上建立起来的；是通过把马克思主义基本原理同中国具体实际、同中华优秀传统文化相结合建立起来的。创立新时代中国特色社会主义思想就是这一文化主体性的最有力体现。有了文化主体性，就有了文化意义上坚定的自我，文化自信就有了根本依托，中国共产党就有了引领时代的强大文化力量，中华民族和中国人民就有了国家认同的坚实文化基础，中华文明就有了和世界其他文明交流互鉴的鲜明文化特性。

“第二个结合”，是我们党对马克思主义中国化时代化历史经验的深刻总结，是对中华文明发展规律的深刻把握，表明我们党对中国道路、理论、制度的认识达到了新高度，表明我们党的历史自信、文化自信达到了新高度，表明我们党在传承中华优秀传统文化中推进文化创新的自觉性达到了新高度。

（三）更好担负起新的文化使命

党的十八大以来，党中央在领导党和人民推进治国理政的实践中，把文化建设摆在全局工作的重要位置。经过这些年的不懈努力，文化传承发展呈现出新的气象、开创了新的局面，社会主义文化强国建设迈出坚实步伐。

在实践中，我们不断深化对文化建设的规律性认识，提出一系列新思想新观点新论断。这些重要观点，是新时代党领导文化建设实践经验的理论总结，是做好宣传思想文化工作的根本遵循，必须长期坚持贯彻、不断丰富发展。

在新的起点上继续推动文化繁荣、建设文化强国、建设中华民族现代文明，是我们在新时代新的文化使命。这里，我着重强调 3 点。

第一，坚定文化自信。自信才能自强。有文化自信的民族，才能立得住、站得稳、行得远。中华文明历经数千年而绵延不绝、迭遭忧患而经久不衰，这是人类文明的奇迹，也是我们自信的底气。坚定文化自信，就是坚持走自己的路。坚定文化自信的首要任务，就是立足中华民族伟大历史实践和当代实践，用中国道理总结好中国经验，把中国经验提升为中国理论，既不盲从各种教条，也不照搬外国理论，实现精神上的独立自主。要把文化自信融入全民族的精神气质与文化品格中，养成昂扬向上的风貌和理性平和的心态。

第二，秉持开放包容。开放包容始终是文明发展的活力来源，也是文化自信的显著标志。中华文明的博大气象，就得益于中华文化自古以来开放的姿态、包容的胸怀。秉持开放包容，就是要更加积极主动地学习借鉴人类创造的一切优秀文明成果。无论是对内提升先进文化的凝聚力感召力，还是对外增强中华文明传播力影响力，都离不开融通中外、贯通古今。经过长期努力，我们比以往任何一个时代都更有条件破解“古今中西之争”，也比以往任何一个时代都更迫切需要一批熔铸古今、汇通中西的文化成果。我们必须坚持马克思主义中国化时代化，传承发展中华优秀传统文化，促进外来文化本土化，不断培育和创造新时代中国特色社会主义文化。

第三，坚持守正创新。对文化建设来说，守正才能不迷失自我、不迷失方向，创新才能把握时代、引领时代。守正，守的是马克思主义在意识形态领域指导地位的根本制度，守的是“两个结合”的根本要求，守的是中国共产党的文化领导权和中华民族的文化主体性。创新，创的是新思路、新话语、新机制、新形式，要在马克思主义指导下真正做到古为今用、洋为中用、辩证取舍、推陈出新，实现传统与现代的有机衔接。新时代的文化工作者必须以守正创新的正气和锐气，赓续历史文脉、谱写当代华章。

同志们！对历史最好的继承就是创造新的历史，对人类文明最大的礼敬就是创造人类文明新形态。希望大家担当使命、奋发有为，共同努力创造属于我们这个时代的新文化，建设中华民族现代文明！

第二章

做爱国奉献的践行者

◆导语

一个民族的繁荣富强离不开爱国奉献的巨大力量。爱国奉献是指人们在长期社会实践活动中，逐渐凝聚起来的一种对祖国的深厚热爱之情及为之献身的崇高精神和崇高情感。它集中表现为对祖国的锦绣河山、悠久历史、灿烂文化、乡土乡亲及广大人民群众的无比热爱，具有强烈的民族自尊、自信、自强意识以及为国家和人民的利益英勇斗争、勇于献身的精神，成为影响民族和国家命运的重要因素。2017 年 10 月 18 日，习近平总书记在中国共产党第十九次全国代表大会报告中指出："要加强思想道德建设，人民有信仰，国家有力量，民族有希望，要提高人民思想觉悟、道德水准、文明素养，提高全社会文明程度。广泛开展理想信念教育，深化中国特色社会主义和中国梦宣传教育，弘扬民族精神和时代精神，加强爱国主义、集体主义、社会主义教育，引导人们树立正确的历史观、民族观、国家观、文化观。"

2019 年 11 月，中共中央、国务院印发了《新时代爱国主义教育实施纲要》，要求各地区各部门结合实际认真贯彻落实。实现中华民族伟大复兴的中国梦，努力做忠诚的爱国者和时代的奋进者，积极培养爱国之情、砥砺强国之志、实践爱国之行，用实际行动热爱祖国、奉献社会。

实践项目一　参观爱国主义教育基地

一、实践教学目标

党的十八大以来，以习近平同志为核心的党中央高度重视传承弘扬优秀历史文化和革命文化，把爱国主义教育基地作为激发爱国热情、凝聚人民力量、弘扬民族精神、传承红色基因的重要场所。本次实践课依托爱国主义教育示范基地，丰富爱国主义教育的课堂内容，引导学生在实地参观红色热土、革命圣地，革命旧址、革命纪念馆中聆听革命故事、学习革命精神，感悟家国情怀、培育爱国奉献精神。通过了解中国故事，中国共产党故事，激励青年学生在新时代继续为全面建设社会主义现代化国家、实现中华民族伟大复兴而奋斗。

二、实践活动方案

（一）实践活动准备

1. 搜索爱国主义基地。提前搜索爱国主义基地的名单。

2. 选择爱国主义基地。学生根据自己的兴趣，自主选择一个预期想要参观的爱国主义基地。

3. 确定参观时间。 学生提前做好攻略，了解参观基地开放时段，在本学期第 15 周之前完成自主参观（可利用课余时间、周末或者节假日）。

4. 做好规划准备。规划参观路线，选择合理的交通工具，并提前准备好参观时所需的费用、地图、拍摄设备、笔记本、书籍等。

5. 了解安全须知。 学习了解有关交通安全、人身财产安全、饮食卫生等注意事项。

（二）实践活动过程

1. 每位同学按照计划完成自主参观，并在参观的过程中将有意义的瞬间拍照留存。

2. 每位同学在参观结束后完成一篇参观心得体会。

3. 教师评选出前十名心得体会文章，并邀请获奖者在学生中交流学习。

三、实践活动要求

1. 严格遵守各个爱国主义基地的参观纪律，爱护革命文物，不能随意碰触或毁坏革命纪念馆中的展览品。

2. 撰写参观心得体会要体现自身的真实感受，字数要求1000字以上，禁止抄袭，并提交3张参观图片。

3. 填写实践活动记录表。

四、实践活动项目记录表

参观爱国主义教育基地实践活动项目记录表

班级：　　　　　　　　　　　　姓名：　　　　　　　　　　　　学号：

项目名称			
活动时间		活动地点	
心得体会			

续表

参观图片	

知识拓展

拓展一：什么是全国爱国主义教育示范基地

（一）全国爱国主义教育示范基地的内涵

全国爱国主义教育基地是指由中宣部公布具有历史意义、代表国家形象、体现民族精神和爱国主义思想用于对公民进行爱国主义教育的场所。这些基地涵盖了革命历史类、纪念馆类、人物故居类、烈士陵园类、名胜古迹类等多种类型，是广大未成年人学习革命传统、陶冶道德情操的重要课堂，也是加强爱国主义教育的重要阵地。

（二）全国爱国主义教育示范基地的发展过程

1997年7月，中宣部向社会公布了首批百个爱国主义教育示范基地，并以此影响和带动全国爱国主义教育基地的建设。此次公布的100个示范基地中，反映中华民族悠久历史文化内容有19个，反映近代中国遭受帝国主义侵略和我国人民反抗侵略、英勇斗争内容的有9个，反映现代我国人民革命斗争和社会主义建设时期内容的有75个。

2001年6月11日，中宣部公布了以反映党的光辉历史为主要内容的第二批百个爱国主义教育示范基地。2005年11月20日，中宣部公布了第三批66个全国爱国主义教育示范基地名单。2009年5月，中宣部公布第四批87个全国爱国主义教育示范基地，旨在进一步推动爱国主义教育基地建设，更好地发挥爱国主义教育基地作用，更加深入地开展群众性爱国主义教育活动，激发爱国热情、凝聚人民力量、培育民族精神。

2019年9月，在新中国成立70周年之际，中宣部新命名39个全国爱国主义教育示范基地。截至2019年9月，全国爱国主义教育示范基地总数达到473个。基本覆盖了从中国共产党成立到解放战争胜利各个历史时期的重大历史事件、重要人物和重要革命纪念地。

2021年6月，在庆祝中国共产党成立100周年之际，中央宣传部新命名111个全国爱国主义教育示范基地。突出新中国特别是新时代的大国重器和建设成就。此次命名后，全国爱国主义教育示范基地总数达到585个。

全国爱国主义教育示范基地名单

拓展二：怎样参观爱国主义基地

1. 提前了解基地情况。在参观之前，可以通过互联网或相关书籍了解基地的历史背景、文化内涵、主要展品等信息，以便更好地理解和感受基地的魅力。

2. 遵守参观规定。在参观过程中，要遵守基地的各项规定，如禁止攀爬、触摸展品等，以保护基地的文物和环境。

3. 认真听取讲解。在参观过程中，要认真听取导游或讲解员的讲解，了解更多关于基地的历史和文化信息。

4. 深入思考。参观红色教育基地不仅仅是看展览，更重要的是思考，可以通过思考历史事件的意义、革命先烈的英勇事迹等，增强自己的爱国情怀和民族自豪感。

实践项目二　爱国主义情景剧表演

一、实践教学目标

影视作品是人类精神生活的重要内容，优秀影视作品不仅蕴含着丰富的思想文化，并且因生动形象、感染力强的特点日益成为思想政治教育的重要载体。通过组织学生自选爱国主义影视经典片段，并根据内容进行编剧、角色分配、排练、表演，调动学生学习积极性，激发学生创作热情，培养学生学习能力、理解能力、创新能力、团队协作能力和实践能力。学生通过情境体验，再现历史爱国情节，进一步增强爱国主义的自豪感和自信心。

二、实践活动方案

（一）实践活动准备

1. 项目分组。班长根据本班学生数量，按照规定组合或自由组合分组，每组4~6人，并选定组长。每个小组即为一个剧组，组长组织内部分工：编剧、导演、演员、摄影、剧务（道具、多媒体播放、音乐、后期制作）等。

2. 确定情景剧片段。情景剧的主题要契合爱国主题内容，小组提前讨论并挑选爱国主题影视片段作为表演作业。

3. 组织排练。各小组根据人员分工、角色安排、采购服装、道具，利用课余时间加强排练，为正式录制做准备。

（二）实践活动过程

1. 各小组在本学期第16周前完成爱国主题情景剧表演拍摄任务。

2. 组长负责将拍摄视频上传至学习通平台。

3. 在学习通平台开展生生互评、教师评价。表演设置一等奖 1 名，二等奖 2 名，三等奖 3 名，并颁发荣誉证书。

三、实践活动要求

1. 情景剧要突出爱国主题，真实还原爱国事件和人物，不能歪曲历史事实。

2. 拍摄片头部分请标注活动成员、影片名称等基本信息，视频时长控制在 20 分钟以内，视频画面清晰，不抖动、不倾斜，格式为 MP4。

3. 视频录制软件不限，采用 H.264/AVC 编码格式压缩，动态码流的码率不低于 1024kbps，分辨率设定为 1280×720（高清 16∶9 拍摄），帧速率为 25 帧 / 秒。音频采用 AAC 格式压缩，采样率 48kHz，比特率（码流）128kbps。

4. 填写实践活动记录表。

四、实践活动记录表及评分标准

评分细则

评分项目	评分要点	标准分	得分
剧本内容	1. 主题突出、鲜明、向上，剧本内容能够围绕爱国主题展开（20 分） 2. 内容紧凑，情节突出，能够引人入胜（20 分）	40	
表演效果	1. 演员表演自然到位，能够胜任扮演的角色（20 分） 2. 人物形象鲜明，能够引起观众的情感共鸣（10 分） 3. 表演形式新颖，富有感染力（10 分）	40	
情景设置	1. 演员形象设计、服装有讲究（10 分） 2. 舞台布置能够较好地营造情景（10 分）	20	
合计		100	

爱国主义影视情景剧表演活动记录表

班级		剧名	
小组成员			
剧情简介			

续表

表演心得	

资源拓展

（一）爱国主义题材影视推荐

《觉醒年代》《望道》《建党大业》《建国大业》《建军大业》《理想照耀中国》《我和我的祖国》《战狼》《红海行动》《八佰》《金刚川》《革命者》《长津湖》《1921》《守岛人》等。

（二）演出注意事项

1. 角色准备

演出前，演员对角色进行深入研究和理解，了解角色的背景、性格、情感等，有助于更好地表现角色并与观众建立联系。

2. 剧本研究

提前研究剧本并熟悉对话和台词，深刻理解剧本的意图和情感，以便在演出中能够准确地传达剧本的信息。

3. 排练

演员和导演事先安排充足的时间进行排练，熟悉剧情、角色和动作。此外，演员们还可以通过排练来磨合团队的默契，提高整体表现的质量。

4. 化装和服装

在演出前，演员应该保证化装和服装是合适的，以及对自己的外貌进行适当的调整，更好地展现角色所需的形象和气质。

5. 身体准备

演员需要保持良好的身体状态、健康饮食、充足睡眠，并进行适当的运动来保持身体的灵活性和能量。

6. 舞台准备

演出前，演员和舞台工作人员充分对舞台进行准备工作，检查舞台灯光、音响和舞台道具等设备的正常操作。另外，严格检查舞台的安全性，防止任何可能的危险。

7. 心理准备

演员要保持积极的心态和自信的态度，充分肯定自己的能力，坚信他们会给观众带来出色的表演，放松心情，以便在演出中更好地表现自己。

8. 重视彩排

彩排可以帮助演员熟悉剧本和动作，并与其他演员建立联系，还能调整他们的表演，提高演出的质量和效果。

9. 充分准备

在演出前，演员仔细检查和确认他们所需的所有物品和道具是否齐全，了解演出的时间、地点和其他相关事宜。

10. 学会放松

在演出前，演员尽量放松自己，可以进行一些放松的活动，如深呼吸、冥想或听音乐等，从而帮助他们减轻压力和紧张情绪，提高演出的质量。

实践项目三 我为国家建言献策

一、实践教学目标

国家兴盛，匹夫有责，爱国不仅需要对国家具有深厚的情感和责任心，也需要在实践中为国家的繁荣发展贡献自己的力量。在思想政治教育实践课堂，组织大学生围绕城乡发展、网络环境治理、科技强国、对外开放、养老保障、依法治国、民族文化、旅游管理、就业创业、社会保障、国家安全、生态文明、医疗发展等主题开展调研、讨论，并提交建设意见，培养政治素养，促使其关心国家大事，实践爱国之行。

二、实践活动方案

（一）实践活动准备

1. 学习两会知识，关注两会委员和代表提出的提案、议案、建议，为正确建言献策打基础。

2. 查阅资料，关心时政，对国家发展的各领域展开调查研究，搜集并汇总意见建议。

（二）实践活动过程

1. 各班以学生个人为单位，根据前期各自搜集整理的决策建议，在本学期第 16 周前上传至学习通平台。

2. 在学习通平台，通过生生互评、教师点评的方式评选出前十名优秀决策建议并邀请获奖者在学生中交流学习。

三、实践活动要求

1. 建言献策要以大局为先导，坚持正确的政治原则，善用辩证的观点、发展的眼光，不能损害国家、人民的利益，更不能道听途说、带有偏见、带有个人私利。

2. 以客观事实为依据，言出有理，言出有据，言据关联，不马虎从事，草率了事，反映问题要真实，分析原因要客观，提出建议要确切。

3. 建言献策的字数不能少于 1000 字，不仅要提出决策建议的概要，还应阐述背景和意义。

4. 生生互评环节要客观公正，优秀名额以价值意义大且可行性大为评选标准。

5. 填写实践活动记录表。

四、实践活动记录表

“我为国家建言献策”实践活动记录表

专业：　　　　　　　　　　　　姓名：　　　　　　　　　　　　学号：

项目名称	
建言献策概要	

续表

背景及意义	

资源拓展

（一）为国家建言献策的渠道

1. 通过政府网站留言。在政府门户网站上留言是一种常见的方式，许多政府网站设有专门的论坛或领导信箱，用于收集民众的意见和建议。

2. 给人大代表写信建言。人大代表是人民的代言人，可以向他们发送邮件或信件，表达自己的观点和建议。

3. 参加公开听证会。政府或相关机构经常举办公开听证会，邀请公众参与，就特定议题发表意见。

4. 利用社交媒体和网络平台。通过政府开设的公众号、小程序或在相关网站上留言也是一种有效的建言方式。

5. 直接接触政府决策中枢。直接向政府决策中枢提出建议或意见，如通过特殊的渠道或直接递交建议书。

6. 通过科学顾问委员会或政策咨询机构。加入或利用这些机构提供的平台来提出建议。

7. 利用监督机构进行监督。通过检察院、行政监察机关、审计监督机关等机构提出建议和监督。

8. 参加社团活动和会议。参与相关的社团活动或会议，通过集体讨论和提案的方式提出建议。

9. 在媒体上发表意见。通过在报纸、杂志、网络媒体等平台上发表文章或评论来提出观点和建议。

10. 信访部门。通过联系政府的信访部门来表达自己的意见和想法。

（二）为国家发展建言献策的注意事项

1. 具备充分的了解和认识

在提出建议之前，需要对国家现状、政策和社会状况有一个全面地了解。只有对国家现状和问题有透彻的认知，才能提出真正切合实际且具有可行性的建议。这需要通过广泛阅读、参加研究和调研等方式获取信息，确保建议是基于真实情况提出来的。

2. 坚持以国家利益为出发点

提出建议时，我们要坚持以国家利益为出发点，而不是以个人或特定群体的利益为导向。国家的利益是多元的，涉及各个领域和层面，我们需要全面考虑，并在具体问题上做出权衡。此外，还需要注重长远利益，不仅考虑当下的问题，还要预见未来可能出现的情况，为国家制定可持续发展的战略。

3. 提出可行的建议

建言献策需要具备可行性，即我们的建议在政策实施上能够得到支持和落实，这需要有充分的理论基础和数据支持，并考虑到现实条件和可操作性。思考建议的可行性，包括政策可行性、经济可行性和社会可行性，确保建言献策不是停留在理想状态，而是能够在实践中产生积极的影响。

4. 注重协调和整合

提出建议时，要注重协调各方面的利益和需求。国家发展是一个综合性的问题，需要综合考虑各个领域和层面的因素，需要与各个利益相关者进行充分的沟通和协商，寻求各方的共识和妥协。此外，还要注重整合各个建议，形成一个整体的方案，避免建议的冲突和重复。

5. 积极参与和践行

为国家建言献策不仅需要从理论角度提出建议，更需要在实践中积极参与和践行。为此，可以加入相关组织和团体，积极参与社会服务和公益活动，通过自己的实际行动为国家发展做出贡献。

第三章

做保护环境的卫士

◆导语

党的十八大以来，在习近平生态文明思想指引下，“绿水青山就是金山银山”的发展理念深入人心，我国不断创造出举世瞩目的生态奇迹和绿色发展奇迹：成为全球第一个全面治理 $PM_{2.5}$ 的发展中国家和全球空气质量改善速度最快的国家；坚持山水林田湖草沙一体化保护和系统治理，全方位、全地域、全过程加强生态环境保护；人工造林规模世界第一，在全球森林资源持续减少的背景下，中国森林覆盖率和森林蓄积量连续多年保持“双增长”，21 世纪以来全球新增绿化面积，约 1/4 来自中国；覆盖全国的生态保护红线落地见效，世界最大的国家公园体系加快建设；积极稳妥推进碳达峰碳中和。我国生态文明建设实现了“四个重大转变”：由重点整治到系统治理的重大转变、由被动应对到主动作为的重大转变、由全球环境治理参与者到引领者的重大转变、由实践探索到科学理论指导的重大转变。

新时代新征程。党的二十大报告明确中国式现代化是人与自然和谐共生的现代化，强调要坚持可持续发展，坚持节约优先、保护优先、自然恢复为主的方针，像保护眼睛一样保护自然和生态环境，坚定不移走生产发展、生活富裕、生态良好的文明发展道路，实现中华民族永续发展。按照党的二十大擘画的蓝图，“到 2035 年广泛形成绿色生产生活方式，碳排放达峰后稳中有降，生态环境根本好转，美丽中国目标基本实现”。

实践项目一　你我同行，共创绿景

一、实践教学目标

我们只有一个地球，它是人类赖以生存的家园。“水能载舟，亦能覆舟”保护环境就是保护人类自己。近些年来，在国家提倡低碳环保的发展理念下，大学生作为社会的中流砥柱，自然是责无旁贷。为了培养大学生的环保意识和责任感，提高团队协作能力和实践能力，特组织一次大学生打扫校园实践活动。通过此次活动，旨在能够让大学生们更加关注校园环境，积极参与到校园美化工作中，共同营造一个整洁、美丽的校园环境。

二、实践活动方案

（一）实践活动准备

1. 确定参与实践活动的人员。根据实践活动需要，通过自由组合的形式组成小组，人数限定为 4 ~ 8 人。人员确定好后，再将参与人员分成若干小组，每组分配一名负责人。

2. 确定参与实践活动的地点和形式。由小组成员共同决定此次清扫校园的哪个地方。如某一间教室桌椅整理和清扫或校园内各公共区域（如操场、道路、绿化带等）垃圾、杂草清理等。确定好活动地点后，将活动区域再次细分到每个小组头上，落实责任和任务。

3. 确定参与实践活动的时间。利用没有课的时间或者是周末、放假的时间，小组成员共同参与此次实践活动。

4. 准备清洁工具，如扫把、垃圾袋、抹布、手套等。

（二）实践活动过程

按照活动计划，分组进行清洁工作。

（三）实践活动总结

1. 活动结束后，组织小组成员进行合影留念。
2. 对活动进行总结，收集小组成员的反馈和建议。
3. 推选一名在活动中表现出最不怕脏、不怕累的成员进行小组表扬。
4. 小组成员每人完成一份实践活动记录表。

三、实践要求及注意事项

1. 小组成员统一着装。
2. 小组成员需遵守活动纪律，服从安排，不得擅自离队。
3. 在清洁过程中，要注意安全，避免发生意外事故。
4. 清洁工具使用完毕后，需妥善归还。
5. 活动过程中拍摄现场照片。
6. 小组成员分别填写实践活动记录表。

四、实践活动记录表

你我同行，共创绿景实践活动项目记录表

学校名称：　　　　　专业：　　　　　姓名：　　　　　学号：

项目活动名称			
活动时间		活动地点	
项目活动形式			
活动目标			
项目参与人员			
项目实践活动主要内容（我做了什么）			

续表

小组评价	团队合作程度 （满分点亮五颗星）	☆☆☆☆☆
	任务完成情况 （满分点亮五颗星）	☆☆☆☆☆
实践活动感受	实践过程中遇到哪些困难	
	采用什么方法解决	
	亮点记录	
需要改进的地方		
实践活动小结		

知识拓展

大学生日常环保攻略

（一）绿色出行篇

1. 多走楼梯，少坐电梯
2. 尽量乘坐公共交通，建议步行或骑共享单车
3. 不随手乱扔垃圾
4. 外出自备好垃圾袋
5. 旅行自带清洁用品

（二）绿色用品篇

1. 拒绝一次性用品
2. 购物自备环保袋
3. 使用节能型家电
4. 拒绝过度包装的产品
5. 尽量选择天然材质的产品

（三）绿色习惯篇

1. 节约用水，及时关紧水龙头
2. 节约用纸，双面打印纸张
3. 垃圾分类，注意可回收用品
4. 闲置旧物可以二手转让或者置换
5. 持续光盘行动

（四）绿色公益篇

1. 不使用动物皮毛制成的衣物
2. 参与绿化植树活动
3. 参与环保骑行活动
4. 参与衣物捐赠活动
5. 积极分享环保生活理念和知识

实践项目二　大学生环境保护意识调查

一、实践教学目标

随着人类社会的不断发展，环境问题日益突出，对人类的健康和生存安全造成深刻影响。为了了解当前大学生环保意识的现状，增强对他们环保意识的培养，进一步普及环保知识，现组织策划“大学生环境保护意识”调查来引导大学生们更加深入地了解环境保护的重要性和紧迫性，进而积极参与环保行动，树立节约环保、低碳生活的理念。

二、实践活动方案

（一）实践活动准备

1. 确定参与实践活动的人员。根据实践活动需要，通过自由组合的形式组成小组，人数限定为 2 ~ 6 人。

2. 确定调研对象。小组成员讨论此次调查的开展是在本校范围内还是扩展面向重庆市所有高校，甚至是覆盖全国的高校，同时也要确定调查对象是仅限于高职学生，还是包括本科院校学生在内一起进行调查。

3. 确定调查方法和形式。确定此次调查采取什么方法（问卷调查法、深度访谈法、座谈会等），通过什么渠道、平台、载体发放问卷（例如发放在线问卷还是发放纸质问卷，或者采取在线问卷 + 纸质问卷结合的形式）。

4. 规划调查时间表。确定发放和回收问卷的时间，以及整个调研的总时间。

5. 设计调查问卷。小组成员根据“大学生环境保护意识”这一主题讨论和设计具体的问题，确保所设计的问题能确切了解大学生环境保护意识的现状。

6. 明确小组成员每个人的职责。如 ××× 负责问卷设计、××× 负责数据分析、××× 负责资料收集和整理、××× 负责撰写调查报告、××× 负责问卷发放和回收等。

（二）实践活动过程

1. 根据所确定的问卷发放时间，准时发放和回收问卷。

2. 对收集到的数据进行分析和统计。

3. 撰写调查报告。

（三）实践活动总结

1. 活动结束后，对所回收的问卷进行整理和保存。

2. 小组成员每人完成一份实践活动记录表。

三、实践要求及注意事项

（一）问卷设计要求及注意事项

1. 明确问卷设计的出发点。问卷作为调查者用来收集资料的工具，对其进行设计时，要考虑调查者的需要，尽量为他们填答问卷提供方便，减少困难和麻烦，因此需要提高调查对象的填写便利性。

2. 在问卷设计中，问题的语言和提问方式需要注意以下几点。一是问题的语言要尽量简单。无论是设计问题还是答案，要尽可能使用简单明了、通俗易懂的语言，而不要使用一些复杂的、抽象的概念以及专业术语。二是问题的陈述要尽可能简短。问题的陈述越长，就越容易产生含混不清的地方，调查对象的理解就越有可能产生偏差；而问题越短，这种偏差就会越小。三是问题要避免带有双重或多重含义。双重或多重含义指的是在一个问题中，同时询问了两件（或几件）事情。一个问题最好指向一个方向，减少让调查对象自我猜测的时间。四是问题不能带有倾向性。即问题的提法不能对回答者产生某种诱导性，应保持中立的提问方式，使用中性的语言。五是不要用否定形式提问。在日常生活中，人们习惯于肯定形式的提问，而不习惯于否定形式的提问，所以问题设计要用直接肯定的句式。

3. 充分考虑问题的数量与顺序。一般来说，一份问卷中问题不宜太多，问卷不宜太长，通常以回答者在 20 分钟以内完成为宜，最多也不要超过 30 分钟，还应将同一维度的问题集中在一起。同时，需把简单易答的问题放在前面，把复杂难答的问题放在后面；把能引起被调查者兴趣的问题放在前面，把容易引起他们紧张或产生顾虑的问题放在后面；把被调查者熟悉的问题放在前面，把他们感到生疏的问题放在后面；一般先问行为方面的问题，再问态度、意见和看法方面的问题；若有开放式问题，则应放在问卷的最后。

4. 设计答案的原则。一是相关性原则。设计的答案必须与询问问题具有直接相关关系，不能出现问题和答案两模两样的情况。二是完整性原则。即设计的答案最好是囊括了该问题下的所有可能答案。当然如果答案过多时，也可以只设计几种主要答案，然后加一个“其他”，这样就达到了完整性要求。根据调查获取的数据分析也会更加精确。三是可能性原则。即设计的答案必须是被调查者能够回答也愿意回答的。

（二）实践过程中的要求及注意事项

1. 在实施的过程中，需要密切关注调研的进度和质量，及时调整方案，确保调研的顺利进行。同时，也需要保护被调研者的权益，尊重他们的意愿，确保调研的公正性和合法性。

2. 要充分发挥人脉资源（各个时期的同学）和新媒体社群传播优势（花式朋友圈文案）等，线上线下联动，针对自己的调查对象对问卷进行大力宣传。一般来讲，有效问卷数量要保证在 200 份以上。

3. 调研数据保持开放和客观。无论调研结果是否符合预期，都应保持客观，真实反映所收集到的信息。

4. 调查过程中有效沟通。无论是与被调研者，还是与同伴、老师的交流，都要保持清晰、礼貌和尊重。

5. 注重时间管理。调研需要花费大量的时间，如果实在不会做问卷调研的话，可选择专业的平台做问卷调研（如蜂鸟问卷、问卷星等）。

6. 调研报告格式要求。标题三号黑体、居中；正文小四宋体，标准字间距，1.5 倍行距；字数在 1500 字以上，不得抄袭，重复率不超过 30%。正文标题：一级标题：阿拉伯数字及文字，三号黑体；二级标题：阿拉伯数字及文字，小三号黑体；以此类推。统一使用附件一封面。

7. 小组成员每人填写一份实践活动记录表。

四、实践活动记录表

大学生环境保护意识实践活动项目记录表

学校名称：　　　　　　专业：　　　　　　姓名：　　　　　　学号：

<table>
<tr><td>项目活动名称</td><td colspan="3"></td></tr>
<tr><td>活动时间</td><td></td><td>活动地点</td><td></td></tr>
<tr><td>项目活动形式</td><td colspan="3"></td></tr>
<tr><td>我的分工</td><td colspan="3"></td></tr>
<tr><td rowspan="3">实践活动感受</td><td>实践过程中遇到哪些困难</td><td colspan="2"></td></tr>
<tr><td>采用什么方法解决</td><td colspan="2"></td></tr>
<tr><td>亮点记录</td><td colspan="2"></td></tr>
</table>

续表

需要改进的地方	
实践活动小结	

知识拓展

拓展一：调查报告写作规范

社会调查报告是在调查完毕之后撰写的报告性论文。主要包含以下一些内容：调查的目的、调查的方法、调查的时间、样本的情况、调查的内容、调查表的分析、分析结果、提出自己的看法等。

一、标题

标题有两种常见的写法。第一种是规范化的标题格式，通常结合“文件主题”和“文件类型”，基本格式为“××关于××××的调研报告”，“关于××××的调研报告”，“××××调研”等。第二种是自由式标题，包括陈述式、提问式以及主副标题结合的形式。陈述式的例子如“东北师范大学硕士研究生就业状况调研”，提问式的例子可能是“为什么大学毕业生偏爱在沿海和京津地区就业？”主副标题结合的格式则是以主标题陈述调研报告的主要结论或提出核心问题，副标题则指明调研的对象、范围或问题，这与“文件主题”加“文件类型”的规范格式相似，如“高校发展重在学科建设——××大学学科建设实践的思考”。对于公文来说，最好使用规范化的标题格式或结合主副标题的自由式标题。

二、正文

调研报告的正文通常由引言、主体和结尾三个部分组成。

（一）引言。引言部分可以采用多种写法：首先，可以明确调研的缘由、目标、时间、地点、对象或范围、经过与方法，以及参与人员的构成等，通过这些调研的具体情况来引出中心议题或基本的结论；其次，可以介绍调研对象的历史背景、发展过程、现状、主要成就和存在的问题等基本信息，进而引出中心问题或主要论点；最后是直截了当地总结调研结果，如确认实践的正确性、指出存在的问题、提示可能的影响、阐释核心内容等。引言应该能够起到点睛的作用，需要精练且直接地切入主题。

（二）主体。主体部分是调研报告的核心，详细陈述了调研的基本情况、实践中的做法、经验，以及对调研材料的分析，进而得出具体的认识、观点和基本结论。

（三）结尾。结尾部分的写法也有多种，可以提出解决问题的策略、方法或对未来工作的改进建议，或者总结整篇文章的主要论点，进一步深化主题，或者提出问题，激发读者进一步的思考，或者对未来进行展望，发出鼓励和号召。

拓展二：调研报告范文篇

关于大学生传统民族节日意识的调查报告

前言

随着全球化的深入发展，中国与世界各国特别是西方国家的文化交流变得日益频繁，这促进了文化观念的交融与融合。在这样的背景下，我们发现一个有趣且值得关注的现象：传统的中国节日文化正逐渐被现代社会所忽视，取而代之的是对西方节日的高度重视。例如，每年的 2 月 14 日“情人节”、4 月 1 日“愚人节”和 12 月 25 日“圣诞节”等西方节庆日在中国的受欢迎程度显著提高。相比之下，中国传统的节日，如农历五月初五的“端午节”，在当代中国人的生活中似乎并没有得到应有的重视。

针对这一现象，我对西安地区几所高校的大学生群体进行了一项调研，旨在探究他们对中国传统民族节日的认识与态度。调研涉及的内容包括学生对传统节日的了解程度、对节日文化重要性的认识、在现代社会中对传统节日的庆祝方式和态度，以及他们对节日文化传承的个人看法等。本报告将依据收集到的调研数据，对大学生对中国传统民族节日意识的现状进行分析，并提出相应的见解和建议。通过这项调研，我们期望能够更好地了解当代青年对传统文化的认知态度，进而探讨如何在现代社会中保护和传承中国的传统节日文化。

一、当代大学生对中国传统节日的了解和重视程度

在对西安高校部分大学生进行的调研中，我发现大多数受访学生对中国传统节日持有积极态度。他们普遍认为这些节日不仅富有深厚的文化意义，而且应该得到社会的广泛推崇和庆祝。例如，“端午节”不仅是纪念伟大的爱国诗人屈原的日子，也承载着深厚的文化和历史价值，是我们国家文化遗产的重要组成部分。然而，也有一部分大学生表示他们对中国传统节日的了解并不深入，对某些节日的具体含义

和庆祝方式知之甚少，因此对于是否应该积极庆祝这些节日持有保留态度。有些学生甚至承认对中国的传统节日不甚了解，如在调研中我惊讶地发现，不少学生对“端午节”这一传统节日的知识几乎为零。这样的现象反映出当前大学生对传统节日认知的不足，同时也暴露出我们在传承和普及传统文化教育方面存在的问题。

二、当代大学生对西方国家节日的了解及重视程度

在调研过程中，我了解到部分大学生持有一种观点，即为了与西方国家保持“接轨”，并学习其先进的科技和文化，我们必须接纳西方的文化和节日传统。他们认为，中西方文化的交流与融合是一种双向的，互利的过程，不应该是完全摒弃或全盘接受的态度。大多数受访者表示，对于西方节日，他们既不会完全排斥，也不会完全接受，而是采取了一种折中的态度。他们认为，文化交流和融合并不意味着必须否定任何一方的文化价值，而是两种文化传统的相互借鉴和结合。对于节日庆祝，学生们普遍表态可以接受西方的节日，但并不会过于隆重地庆祝，因为毕竟那些节日源自其他文化背景。

三、大学生热衷外国节日的主要原因

调研中发现，由于对中国文化和民族传统知识的缺乏，加上盲目跟风和崇洋媚外的心态，一部分大学生对外国节日呈现出过分热衷的态度。中国的文化历史悠久、内涵丰富，但现代教育体系往往将学生引向以应试为主的学习路径，这导致他们将大量时间投入课本知识的学习中，而忽视了对传统文化的理解和学习。在一些学生眼中，那些在科技、经济等方面表现出色的西方国家成了值得效仿的典范，由此产生了对西方文化的盲目崇拜。这种崇拜不仅体现在对西方文化、教育的偏爱上，也延伸到了服饰等日常生活的方方面面。因此，西方国家的节日也自然成为这些大学生倾向于庆祝的节日之一。

四、调查中出现的令人“匪夷所思”的问题

在与西安部分高校大学生进行调研时，我遇到了极个别学生提出了一些既让人感到无奈又颇为奇特的建议。这些建议涉及对中国传统节日进行重新命名，以使其听起来更像是西方节日。例如，有极少数学生因对西方文化的过度崇拜，提出将“端午节”称为“中国情人节”。更有甚者，竟建议将“清明节”更名为“中国鬼

节”。这样的观点反映了部分学生对于传统文化认同感的缺失，以及对西方文化的盲目模仿和追捧。

五、保护中国传统节日文化遗产刻不容缓

在进行的调研中，我注意到有一小部分大学生对韩国成功申请将端午节列为世界文化遗产的事件表达了强烈的不满和愤慨。他们认为，中国人民应当更加注重保护和传承自己的文化遗产。尤其是针对2005年韩国将中国的“端午节”申报为其国家节日的情况，这些学生强烈认为应予以足够的重视。他们认为，每个中国人都有责任去关注、维护并保护中国的传统节日和其他非物质文化遗产，认为这是一个迫切且不可忽视的任务。这反映出年轻一代对于民族文化遗产保护的认识逐渐增强，也表明他们对于文化传承的重要性有着深刻的理解。

六、结论与建议

通过这次调研，我发现当前大学生对中国传统文化，尤其是传统节日的重视程度相对较低。这种现象主要是由于他们对国家文化知识和传统观念的了解不足所导致。在快速发展和全球化的影响下，许多年轻人更多地接触和吸收了西方文化，而对本国的传统文化和历史知识却缺乏深入地了解和学习。此外，现代教育体系中对于传统文化教育的相对忽视，也是导致这一现象的重要原因之一。

在现代社会的快节奏生活中，大学生们往往更加关注于学业、职业发展以及现代科技的使用，而忽略了对传统节日文化的传承和庆祝。此外，随着西方文化的普及，一些西方节日如圣诞节、情人节等在中国的影响力日益增强，这也在一定程度上稀释了大学生对中国传统节日的关注和参与。因此，加强对中国传统文化尤其是传统节日的宣传和教育，提高年轻一代对本国文化的认识和重视，成为一个亟待解决的问题。

附件：调研报告封面

重庆旅游职业学院马克思主义学院
思想政治理论课实践教学作业

作业类型	
专业 / 班级	
个人姓名及学号 / 小组成员姓名及学号	
指导教师	
本人 / 小组长联系方式	

实践项目三　变废为宝

一、实践教学目标

当前环境污染和生态恶化仍是人类面临的严重挑战，环境保护仍需要我们坚持不懈地努力。作为一名新时代的合格青年，努力获得知识和提高素质的同时，也应该培养自己的环保和创新意识，倡导绿色生活。开展变废为宝活动旨在帮助同学们了解合理利用资源的重要性，树立可持续的发展观，激发同学们创建和谐环保校园的意识，同时提高同学们运用知识的能力，培养同学们的创新精神。

二、实践活动方案

（一）实践活动准备

1. 了解四类生活垃圾分类的标准

（1）可回收物：是指适宜回收循环使用和资源利用的废塑料、废纸、废玻璃、废金属等废弃物。

主要品种包括 5 个小类：废纸张（如报纸、书本、纸箱、纸袋、信封），废塑料（如塑料瓶、塑料桶、塑料餐盒），废金属（如金属易拉罐、金属瓶、金属工具），废玻璃（如酒瓶、玻璃杯、窗玻璃、镜子），织物（如废旧衣物、穿戴用品、床上用品、布艺用品），废弃电器电子产品等。

（2）有害垃圾：是指纳入《国家危险废物名录》，对人体健康或者自然环境造成直接或者潜在危害的，且应当专门处置的废镍镉电池、废药品等废弃物。

主要品种包括 3 个小类：灯管类（如废荧光灯管、废温度计、废血压计），家用化学品（如废药品及其包装物、废杀虫剂和消毒剂及其包装物、废油漆和溶剂及其包装物、废矿物油及其包装物、废胶片及废相纸），电池类（如废镍镉电池、氧化汞电池）。

（3）厨余垃圾：是指在生活或消费过程中产生的易腐性垃圾，包括动物骨骼内脏、瓜果皮核、菜根菜叶、剩饭剩菜等。

主要品种包括 3 个小类：厨余垃圾（如菜根、菜叶、瓜果皮壳、剩饭剩菜、废弃食物），餐厨垃圾（如食品加工等产生的食物残渣、食品加工废料、废弃食用油脂），其他厨余垃圾（如蔬菜瓜果垃圾、腐肉、肉碎骨、水产品、畜禽内脏）。

（4）其他垃圾：是指除可回收物、有害垃圾、厨余垃圾以外的其他生活废弃物，包括清扫垃圾、废弃的纸巾、衣被、废弃的陶瓷品、卫厕垃圾等。

2. 收集一些生活废品，如纸筒、铝罐、塑料袋、空盒子、废电池、废布、旧衣服等。

3. 网上搜索和学习变废为宝的一些小技巧。

4. 准备可能用到的材料，如剪刀、彩色笔、固体胶、绳子等。

（二）实践活动过程

结合手边的工具和收集到废物等原材料，大胆地发挥想象，变废为宝，实现废物的二次利用。

（三）实践活动总结

将收集到的、不再需要的废物及制作过程中产生的垃圾等进行分类回收，按要求投放到对应的垃圾箱内。

三、实践活动要求

（一）主题要求

将“青春 · 绿色 · 环保”的主题融入作品的展现中。作品须主题鲜明，造型新颖，色调和谐，富有创造性。

（二）制作材料选择

制作所用素材要以环保废品为主，是生活中常见的废旧材料，如报纸、饮料罐、瓶子、废旧的牙刷、毛巾等，也可以适当使用各种辅助材料。

（三）制作方法

围绕制作创意的要求选择合适的制作方法。

（四）完成要求

作品必须是自己制作完成的，不得从市场上购买。

（五）填写实践活动记录表

四、实践活动记录表

变废为宝实践活动项目记录表

学校名称：　　　　　　专业：　　　　　　姓名：　　　　　　学号：

项目活动名称			
活动时间		活动地点	
项目活动形式			
我的作品	将作品照片直接插入文档，再将作品交至实践课任课老师处。		

续表

我的感想	

资源拓展

废物再利用手工制作寝室，可以尝试以下几种方法。

1. 自制收纳盒。使用购物袋或废弃的盒子，剪掉手提部分，留下盒子本体。将盒子边缘向上折，并用3M胶固定，制作成挂壁式收纳盒，可以放置各种小物品。

2. 配置驱蚊包。使用大蒜和风油精制作驱蚊包，将大蒜滴上风油精后包裹在回形针或口罩中，挂在门上，以驱赶蚊子。

3. 纸盒改造。将废弃的纸盒剪裁成一定形状，如Y形，用来放置纸巾，多余部分折好，在盒子边缘冲一个小洞，穿上丝带，制作成简易的纸巾盒。

4. 自制衣架。利用空瓶子的上部，剪成一定宽度，套在衣架上，可以悬挂多双袜子，节省空间。

5. 创意收纳。使用废弃的牛奶箱或矿泉水瓶制作笔筒或抽屉式收纳盒，可以放置橡皮擦、小物件或书本等。

6. 酸奶箱书架。利用废弃的酸奶箱制作简单的书架，适合放置书籍或杂志。

7. 盘子收纳包。使用两个纸餐盘，减去一部分后对叠，用麻线和水彩笔制作成盘子收纳包，可以放置餐具或小物品。

第四章

做爱岗敬业的示范者

◆ 导语

爱岗敬业就是要干一行爱一行，爱一行钻一行，精益求精，尽职尽责，体现的是从业者热爱工作岗位、对工作极端负责、敬重自己所从事职业的道德操守，是从业者对工作勤奋努力、恪尽职守的行为表现。

一份职业，一个工作岗位，都是一个人赖以生存和发展的基础保障。同时，一个工作岗位的存在，往往也是人类社会存在和发展的需要。所以，爱岗敬业不仅是个人生存和发展的需要，也是社会存在和发展的需要。爱岗敬业应是一种普遍、平凡的奉献精神，因为它是每个人都可以做到的，而且应该具备的；爱岗敬业又是伟大的奉献精神，因为伟大出自平凡，没有平凡的爱岗敬业，就没有伟大的奉献。

只有爱岗敬业的人，才会在自己的工作岗位上勤勤恳恳，不断地钻研学习，一丝不苟，精益求精，才有可能为社会为国家做出崇高而伟大的奉献。焦裕禄、孔繁森、郑培民等一大批党和人民的好干部都是在本职工作岗位上呕心沥血，勤政为民；当“非典”、新冠疫情袭来，一大批平时并不引人注目的医生、护士和科研人员，挺身而出，冒着生命危险，冲上第一线，拯救了一个个在死亡线上挣扎的同胞的生命，有人还为此献出了自己宝贵的生命。

实践项目一　典型案例介绍

一、实践教学目标

通过讲述爱岗敬业典型案例，使学生深入了解先进典型人物及其事迹，从先进人物、典型事迹中感悟爱岗敬业精神，从而激发学生学习动力，教育引导学生珍惜机会、勤学苦练、勇于挑战，树立正确的职业观念，不断提升自身实践技能和职业素养。

二、实践活动流程

（一）实践活动准备

1. 教师宣布实践活动主题，提出实践活动要求。

2. 学生进行组队（每组1~2人），并完成小组成员分工。每组确定1人为小组长，负责统筹各项工作。

3. 学生自行选定案例，搜集相关素材。

（二）实践活动过程

根据计划拍摄介绍视频，或剪辑宣讲视频。

（三）实践活动总结

1. 按照要求完善视频作品，并提交至学习通平台。

2. 教师筛选优秀作品，并进行展示。

三、实践活动要求

（一）内容要求

1. 视频内容鲜明，紧扣“爱岗敬业”主题。

2. 视频类型以短视频剪辑和视频拍摄为主。

3. 选用影视作品或音乐等素材，应注明来源出处。

4. 视频画面清楚，不抖动、不倾斜；建议拍摄横屏作品；格式为“MP4”。

5. 音频要求发音清晰，内容与视频画面同步（要求原声）。

（二）提交格式要求

1. 视频时长以 5 ~ 10 分钟为宜。

2. 视频须有片头，片头部分请标注视频主题以及团队成员等基本信息。

3. 视频文件及邮件命名方式为：团队负责人姓名 + 联系方式 + 视频主题（将拍摄作品、信息表放在同一个文件夹）。

四、实践活动记录表

思想政治理论实践课
作品信息表

系　　部：________________

专业班级：________________

姓　　名：________________

学　　号：________________

学　　期：________________

实践活动考核		
考核标准（符合标准的在对应的方框内画“√”）		考核成绩（满分 100 分）
紧扣主题	优□ 良□ 好□ 中□ 差□	
形式设计	优□ 良□ 好□ 中□ 差□	
衣着、普通话、举止等	优□ 良□ 好□ 中□ 差□	
其他	优□ 良□ 好□ 中□ 差□	
教师意见： 教师签名： 年　　月　　日		

续表

<table>
<tr><td rowspan="2">负责人信息</td><td>姓名</td><td></td><td>专业</td><td></td></tr>
<tr><td>班级</td><td></td><td>联系电话</td><td></td></tr>
<tr><td>团队成员</td><td colspan="4"></td></tr>
<tr><td rowspan="2">作品介绍</td><td>主题</td><td colspan="3"></td></tr>
<tr><td>内容简介
（300 字以内）</td><td colspan="3"></td></tr>
</table>

实践项目二　对话行业大师、优秀毕业生

一、实践教学目标

通过与行业大师和优秀毕业生对话，意在让学生围绕爱岗敬业这一职业道德要求，了解他们的在岗经历和感受，提出自己的问题和疑惑，从而使学生得到解答和指引，增进学生对行业领域和专业岗位的认识。同时，在对话交流中提升学生的交流表达能力和写作能力。

二、实践活动流程

（一）实践活动准备

1. 教师宣布实践活动主题，提出实践活动要求。

2. 学生进行组队（每组 4 ~ 6 人），并完成小组成员分工。每组确定 1 人为小组长，负责统筹各项工作。

3. 学生自行选定对话对象，制定访谈对话方案，准备好所需材料和工具，确定可行性。

（二）实践活动过程

按计划与对话对象取得联系，开展访谈对话。

（三）实践活动总结

1. 访谈结束后，学生分小组对访谈情况进行分析并撰写访谈报告，提交至学习通平台。

2. 教师筛选优秀访谈报告，并安排进行课堂分享。最后进行综合点评。

三、实践活动要求

1. 学生在访谈过程中，需要做好过程性记录。

2. 访谈报告需包括以下内容：对于访谈计划的回顾、对访谈过程的描述、对于访谈结果的分析和陈述。

四、实践活动记录表

思想政治理论实践课
人物访谈

系　　部：____________________

专业班级：____________________

姓　　名：____________________

学　　号：____________________

学　　期：____________________

实践活动考核		
考核标准（符合标准的在对应的方框内画“√”）		考核成绩（满分 100 分）
访谈前准备	优□ 良□ 好□ 中□ 差□	
访谈中表现	优□ 良□ 好□ 中□ 差□	
访谈报告撰写	优□ 良□ 好□ 中□ 差□	
其他	优□ 良□ 好□ 中□ 差□	
教师意见： 教师签名： 年　　月　　日		

<table>
<tr><th colspan="6">受访人基本信息</th></tr>
<tr><td>姓名</td><td></td><td>性别</td><td></td><td>籍贯</td><td></td></tr>
<tr><td>毕业院校</td><td></td><td>专业</td><td></td><td>毕业时间</td><td></td></tr>
<tr><td>任职单位</td><td colspan="2"></td><td>任职岗位</td><td colspan="2"></td></tr>
<tr><th colspan="6">访谈提纲、记录</th></tr>
<tr><td colspan="6">访谈提纲：

访谈记录：

</td></tr>
</table>

续表

访谈报告（后可附页）

知识拓展

访谈法

访谈，就是研究性交谈，是以口头形式，根据被询问者的答复搜集客观的、不带偏见的事实材料，以准确地说明样本所要代表的总体的一种方式。尤其是在研究比较复杂的问题时需要向不同类型的人了解不同类型的材料。

类型：个别访谈、小组访谈

一般步骤：

1. 设计访谈提纲。

2. 恰当进行提问。

3. 准确捕捉信息，及时收集有关资料。

4. 适当地作出回应。

5. 及时做好访谈记录。如获得访谈者应允的前提下，可以进行录音或录像，以保留资料。

访谈法收集资料的主要形式是“倾听”。“倾听”可以在不同的层面上进行，包括三个层次。

1. 在态度层面上，访谈者应该是“积极关注地听”，而不应该是“表面地或消极地听”。

2. 在情感层面上，访谈者要“有感情地听”和“共情地听”，避免“无感情地听”。

3. 在认知层面上，要随时将受访者所说的话或信息迅速纳入自己的认知结构中加以理解和同化，必要时还要与对方进行对话，与对方进行平等交流，共同建构新的认识和意义。

实践项目三　撰写职业生涯规划书

一、实践教学目标

通过撰写职业生涯规划书，使学生了解职业生涯规划知识，从而帮助学生发现个人的优势和不足，制定有针对性的职业发展目标，科学合理地规划大学学习与生活，提高个人的职业能力和知识水平，保持职业竞争力，提高自己的职业能力。

二、实践活动流程

（一）实践活动准备

1. 教师宣布活动任务，提出实践活动安排及其要求。
2. 学生通过线上线下课程和讲座等形式，了解职业生涯规划相关理论知识。

（二）实践活动过程

1. 进行职业选择的主观和客观因素分析。
2. 撰写职业生涯规划书，可向老师咨询意见。

（三）实践活动总结

1. 学生提交至学习通后，教师审阅筛选优秀作品，并请学生进行课堂分享。
2. 根据学生的作品和展示情况，教师进行全面综合点评，给出改进建议。

三、实践活动要求

1. 学生需提前学习职业生涯规划基础理论。
2. 全面、深刻分析主客观条件，所撰写规划书需包含职业生涯规划的基本要素。

四、实践活动记录表

思想政治理论实践课
职业生涯规划书

系　　部：__________________

专业班级：__________________

姓　　名：__________________

学　　号：__________________

学　　期：__________________

实践活动考核		
考核标准（符合标准的在对应的方框内画“√”）		考核成绩（满分 100 分）
格式规范、美观	优□ 良□ 好□ 中□ 差□	
要素全面、精练	优□ 良□ 好□ 中□ 差□	
态度认真、端正	优□ 良□ 好□ 中□ 差□	
其他	优□ 良□ 好□ 中□ 差□	
教师意见： 教师签名： 年　　月　　日		

续表

题目：
正文：

知识拓展

职业生涯规划是指针对个人职业选择的主观和客观因素进行分析和测定，确定个人的奋斗目标并努力实现这一目标的过程。换句话说，职业生涯规划要求根据自身的兴趣、特点，将自己定位在一个最能发挥自己长处的位置，选择最适合自己能力的事业。职业定位是决定职业生涯成败的最关键的一步，同时也是职业生涯规划的起点。所以，每个人都应该认真对待职业生涯规划书的撰写和执行，为自己的职业生涯打好坚实的基础。

（一）规划目的

职业规划最重要有两个主要目的。

第一个目的是找到适合自己的工作，找工作最重要的就是要人岗匹配，适合自己。每个工作都有长处和短处，每个人都有优势和劣势。分析、定位是职业生涯规划的首要环节，它决定着个人职业生涯的方向，也决定着职业生涯规划的成败。求职之前先要进行职业生涯规划，进行职业生涯规划之前先要进行准确的自我定位。先要弄清自己想要干什么、能干什么，自己的兴趣、才能、学识适合干什么。

第二个目的是通过规划求得职业发展，制定出今后各个阶段的发展平台，并且拿出攻占各个平台的计划和措施，然后由咨询师对切入点所在的市场状况、行业前景、职位要求、入行条件、培训考证、工作业务、薪酬提升、行业英语等运作进行详细的指导，如要上哪个平台，需要多长时间、补充哪些知识，增加哪些人脉等，而自己则沿着主干道去充电，几年后成为业内的精英，从而使自己的薪水和职位得到升华。

（二）具体做法

1. 职业生涯设计的具体方法

许多职业咨询机构和心理学专家进行职业咨询和职业规划时常常采用的一种方法就是有关 5 个“W”的思考的模式。从问自己是谁开始，然后顺着问下去，共有 5 个问题。

第一个问题：“我是谁？”应该对自己进行一次深刻的反思，有一个比较清醒地认识，优点和缺点，都应该一一列出来。

第二个问题："我想干什么？"是对自己职业发展的一个心理趋向的检查。每个人在不同阶段的兴趣和目标并不完全一致，有时甚至是完全对立的。但随着年龄和经历的增长而逐渐固定，并最终锁定自己的终身理想。

第三个问题："我能干什么？"则是对自己能力与潜力的全面总结，一个人职业的定位最根本的还要归结于他的能力，而他职业发展空间的大小则取决于自己的潜力。对于一个人潜力的了解应该从几个方面着手去认识，如对事的兴趣、做事的韧力、临事的判断力以及知识结构是否全面、是否及时更新等。

第四个问题："环境支持或允许我干什么？"这种环境支持在客观方面包括本地的各种状态比如经济发展、人事政策、企业制度、职业空间等；人为主观方面包括同事关系、领导态度、亲戚关系等，两方面的因素应该综合起来看。有时我们在职业选择时常常忽视主观方面的东西，没有将一切有利于自己发展的因素调动起来，从而影响了自己的职业切入点。而在国外通过同事、熟人的引荐找到工作是最正常也是最容易的。当然我们应该知道这和一些不正常的"走后门"等歪门邪道有着本质的区别。这种区别就是这里的环境支持是建立在自己的能力之上的。

第五个问题："自己最终的职业目标是什么"是在明晰前面四个问题的基础上，从各个问题中找到对实现有关职业目标有利和不利的条件，列出不利条件最少的、自己想做而且又能够做的职业目标。然后，将自我职业生涯计划列出来，建立形成个人发展计划书档案，通过系统的学习、培训，实现就业理想目标：选择一个什么样的单位，预测自我在单位内的职务提升步骤，个人如何从低到高逐级而上。例如，从技术员做起，在此基础上努力熟悉业务领域、提高能力，最终达到技术工程师的理想生涯目标；预测工作范围的变化情况，不同工作对自己的要求及应对措施；预测可能出现的竞争，如何相处与应对，分析自我提高的可靠途径；如果发展过程中出现偏差，如果工作不适应或被解聘，如何改变职业方向。

2. 根据个人需要和现实变化，不断调整职业发展目标与计划

职场上常说，计划赶不上变化。对于自己碰到的问题和环境，需要及时调整。

发展规划，一成不变的发展计划有时形同虚设。

根据职业方向选择一个对自己有利的职业和得以实现自我价值的单位，是每个大学生的良好愿望，也是实现自我的基础，但这一步的迈出要相当慎重。就人生第一个职业而言，它往往不仅是一份单纯的工作，更重要的是它会初步使你了解职业、认识社会，一定意义上它是你的职业启蒙老师。最后，提醒毕业生们，人生成功的

秘密在于机会来临时，你已经准备好了！机遇对于任何人来说都是平等的，千万别在机遇面前说抱歉！

3. 如何落实规划

制定好一系列的职业发展规划后，如何将其最终落实是每个规划制定者所必须考虑并面对的一个问题。做一个好的计划若没有实施上的细则，就无法保证计划顺利进行。应对职场纷繁信息和变动选择的成功法则就是必须建立有效的信息整理、分析和筛选系统，再结合自身竞争力合理规划职业生涯。这样才能在职业发展过程中凭借良好的职场敏感度达到职业成功的彼岸。

（三）职业生涯规划书基本要素

1. 标题：职业生涯规划书。

2. 引言：对职业生涯规划的目的和意义进行简要说明。

3. 自我分析：

A. 个人特质：包括性格、兴趣、价值观等方面的分析。例如，性格中的优势可能包括外向、有交际能力、和善等，劣势可能包括过于完美主义、固执等。

B. 解决或改变性格中的劣势：提出具体的解决方案或措施，如做事更紧凑、注意回避自己的劣势和不足等。

4. 职业目标：明确自己的短期、中期和长期职业目标。

5. 实现路径：

A. 教育与培训：计划接受哪些教育和培训以提升自己。

B. 工作经验：计划通过哪些工作来积累经验。

C. 人际关系：如何拓展人脉，建立良好的人际关系。

6. 时间规划：制定一个具体的时间表，明确每个阶段需要完成的任务和目标。

7. 风险评估与应对策略：分析可能遇到的风险和挑战，并提出相应的应对策略。

8. 总结与展望：对整个职业生涯规划进行总结，并展望未来可能的发展方向。

参考阅读：《远见》《请停止无效努力》《我的第一本人生规划手册》等。

第五章

做尊老爱幼好青年

◆ 导语

我国自古以来就倡导“幼有所养，老有所终”，形成了尊老爱幼的良好家庭道德传统。子女要孝敬、赡养父母及长辈，父母要抚育、爱护子女，这不仅是每个公民必须遵守的道德准则，也是应尽的社会责任和法律义务。作为新时代大学生要保护老人、儿童的合法权益，坚决反对虐待、遗弃老人和儿童的行为。

通过开展尊老爱幼系列实践活动，让学生全面准确地理解尊老爱幼是中华民族的传统美德，是每个公民义不容辞的责任和义务，不断提升学生尊老爱幼的社会责任感和意识。同时，在实践活动中提高学生的团队协作能力、语言表达能力和动手能力。

实践项目一 讲好家庭故事，传承尊老爱幼好家风

一、实践教学目标

讲述家庭故事，其目的在于将深刻的道理通过通俗而接近大学生生活方式与思想实际的方式表达出来。学生既是讲述人又是倾听者，在讲与听的过程中，让学生更深刻地体悟到家庭建设的重要性，继承和弘扬尊老爱幼的中华民族传统美德。

二、实践活动流程

（一）实践活动准备

学生在任课教师的指导下，挖掘家庭或家族世代相传的家规、家训、家诫、家礼、家书等资料，可与父母、长辈联系，了解有关孝老爱亲的更加详尽的资料。

（二）实践活动过程

1. 整理家庭尊老爱幼故事。任课教师指导学生将搜集到的资料整理成通俗易懂、言简意赅的故事内容。

2. 讲述家庭尊老爱幼故事。根据整理的故事内容，完成家庭故事的讲述，并以视频的形式上传至学习通，故事讲述可配有背景音乐、演示文稿、场景布置等，时间不超过 10 分钟。

评分细则

评价项目	评价要点	标准分	得分
演讲内容	1. 思想内容能紧紧围绕主题，观点正确、鲜明，内容充实具体，生动感人。（10分）	40	
	2. 材料真实、典型、新颖，事迹感人、实例生动，反映客观事实，体现新时代家庭新风。（10分）		
	3. 讲稿结构严谨，构思巧妙，引人入胜。（10分）		
	4. 文字简练流畅，具有较强的思想性。（10分）		
语言表达	1 演讲者语言规范，吐字清晰，声音洪亮圆润。（10分）	30	
	2. 演讲表达准确、流畅、自然。（10分）		
	3. 语言技巧处理得当，语速恰当，语气、语调、音量、节奏张弛符合思想感情的起伏变化，能熟练表达所演讲的内容。（10分）		
综合印象	1. 演讲者精神饱满，能较好地运用姿态、动作、手势、表情，表达对演讲稿的理解。（10分）	20	
	2. 演讲者着装朴素端庄大方，举止自然得体，有风度，富有艺术感染力。（10分）		
现场效果	演讲具有较强的感染力、吸引力和号召力，能较好地与听众感情融合在一起，营造良好的演讲效果；演讲时间控制在5分钟之内。（10分）	10	
总分			

（三）实践活动总结

1. 任课教师从收集资料、整理、讲述等方面对实践教学活动进行总结，肯定学生在活动中的精彩表现，同时指出学生的不足之处。

2. 活动结束后，任课教师指导学生将所有的故事文稿影视资料等家风资源汇编成册，作为教学成果资料存档。

三、实践活动要求

1. 组织形式：个人参加。

2. 成果形式：家庭故事 + 心得体会 + 家庭图片等（字数不少于 2000 字）。

3. 作品提交：视频命名格式为“主题 + 专业班级 + 名字”，视频要有片头，片头注明主题、主讲人；以电子版形式上传超星学习通。

四、实践活动记录表

思想政治理论实践课
家庭故事

系　　部：________________

专业班级：________________

姓　　名：________________

学　　号：________________

学　　期：________________

<table>
<tr><th colspan="3">实践活动考核</th></tr>
<tr><td colspan="2">考核标准（符合标准的在对应的方框内画“√”）</td><td>考核成绩（满分 100 分）</td></tr>
<tr><td>格式规范</td><td>优□ 良□ 好□ 中□ 差□</td><td rowspan="5"></td></tr>
<tr><td>语言平实、精练</td><td>优□ 良□ 好□ 中□ 差□</td></tr>
<tr><td>材料翔实、逻辑严密</td><td>优□ 良□ 好□ 中□ 差□</td></tr>
<tr><td>写作态度认真</td><td>优□ 良□ 好□ 中□ 差□</td></tr>
<tr><td>其他</td><td>优□ 良□ 好□ 中□ 差□</td></tr>
<tr><td colspan="3">教师意见：

教师签名：
年　　月　　日</td></tr>
</table>

续表

题目：
正文：

续表

教师点评	

知识拓展

关于演讲的技巧及注意事项

1. 演讲的姿势

（1）演讲的姿势是成败的关键。要让身体放松，不能过度紧张。太紧张不但影响发挥，而且对语言的表达也会背道而驰。

（2）诀窍之一是张开双脚与肩同宽，挺稳整个身躯；诀窍之二是想办法扩散并缓解紧张情绪。例如，将一只手稍微插入口袋中，或者手触桌边，或者手握麦克风等。

2. 演讲的视线

在大众面前说话必须忍受众目睽睽的注视。当然，并非每位听众都会对你报以善意的眼光。尽管如此，你还是不能漠视听众的眼光。尤其当你站在大庭广众面前的一瞬间，来自听众的视线有时甚至会让你觉得紧张。克服这股视线压力的秘诀，就是一面进行演讲；一面从听众当中找寻对于自己投以善意而温柔眼光的人，并且无视于那些冷淡的眼光。此外，把自己的视线投向和善的人群，对巩固信心来说帮助很大。

3. 演讲时的面部表情

（1）演讲时的面部表情如何会给听众留下极其深刻的印象。紧张、喜悦、焦虑等情绪会毫无保留地表露在脸上，这是很难由本人的意愿来控制的。演讲的内容即使再精彩，如果表情缺乏自信，演讲就失去了应有的风采。

（2）演讲不能低头，人一旦“低头”就会显得没有自信，倘若视线不能与听众接触，就难以吸引听众的注意。采取“缓慢讲话”的方式会使情绪稳定，脸部表情也得以放松，全身上下也能泰然自若起来。

4. 演讲时的服饰和发型

服装也会给听众留下深刻印象。尤其是东方男性总是喜欢穿灰色或蓝色服饰，难免给人过于刻板无趣的印象。轻松的场合不妨穿着稍微花哨一点的服装来参加。不过如果是正式的场合，一般来说仍以深色西服为主。其次，发型也可以带来意想不到的效果。总之，整体形象对演讲的本身也会起到推波助澜的功效。

5. 演讲的声音和腔调

（1）演讲的语言必须做到发音准确、清晰、优美，词句流利、流畅、传神，语调贴切、自然、动情。

（2）演讲对语音的要求很高，既要能准确地表达出丰富多彩的思想感情，又要悦耳动听。所以，演讲者必须认真对语音进行揣摩，努力使自己的声音达到最佳效果。

一般来说，最佳语言有以下四个特点。

①准确清晰，即吐字正确清楚，语气得当，节奏自然；

②清亮圆润，即声音洪亮清晰，铿锵有力，悦耳动听；

③富于变化，即区分轻重缓急，随感情起伏而变化；

④有感染力，即声音有磁性，能吸引听众，引起共鸣。

（3）语言流利、准确、易懂，恰到好处地表达，恰如其分地表述，给人一种听觉盛宴的享受，演讲效果自然不言而喻。

（4）语调贴切、自然、动情，语调是口语表达的重要手段，它能很好地辅助语言表情达意。同样一句话，由于语调轻重、高低长短、急缓等的不同变化，在不同的语境里可以表达出种种不同的思想感情。一般来讲，表达坚定、果敢、豪迈、愤怒的思想感情，语气急速，声音较重；表达幸福、温暖、体贴、欣慰的思想感情，语气舒缓，声音较轻；表示优雅、庄重、满足，语调前后弱、中间强。只有这样，才能绘声绘色，声情并茂。

（5）语调的选择和运用，必须切合演讲内容，符合语言环境，考虑现场效果。语调贴切、自然正是演讲者思想感情在语言上的自然流露。所以，演讲者恰当地运用语调，事先必须准确地掌握演讲内容和感情。

（6）演讲的速度和发音，为了营造沉着的气氛，讲话可以稍微慢点。科学的发音取决于科学的运气，有些演讲者时间稍长就出现底气不足，感觉口干舌燥、声音走调。这些都影响演讲效果的发挥。气息是声音的原动力，科学地运用运气发音方法可以使声音更加甜美、清亮、持久、有力。要达到这个目的，平时要加强训练，掌握胸腹联合呼吸法。其要领是：双目平视、全身放松，无论是站立还是坐姿，胸部稍向前倾，腹部自然内收。吸气方法是：扩展两肋，向上向外提起，感到腰带渐紧，后腰有撑开感。横膈膜下压腹部扩大胸腔体积，小腹内收，气贯“丹田”。用鼻吸气，做到快、缓、稳。呼气方法是：控制两肋，使腹部有一种压力，将气均匀地往外吐，呼气时用嘴，做到巧妙协调。

实践项目二 书信寄情，语爱同行

一、实践教学目标

“山感地恩，方成其高峻；海感溪恩，方成其博大；天感鸟恩，方成其壮阔。”通过组织学生为亲人写信，以纸张为情感寄托、借笔抒情，增进代际沟通表达，从而进一步引导学生弘扬尊老爱幼、孝敬父母的中华优秀传统美德。

二、实践活动流程

（一）实践活动准备

1. 任课教师宣布实践活动主题，明确实践活动要求。

2. 学生围绕“尊老爱幼”主题选择写信的对象和方向，其间可征询任课教师的意见。

3. 方向明确，开始搜集并整理与选题相关的资料，为书信写作做前期准备。

（二）实践活动过程

1. 构思写作形式和内容，前期撰写过程中可寻求教师的指导。

2. 书信作品完成后，以电子版的形式上传至学习通平台。

（三）实践活动总结

1. 学生作品完成后，任课教师选择其中较好的作品并请作品作者进行课堂分享。

2. 任课教师对学生作品进行点评。

三、实践活动要求

1. 组织形式：个人。

2. 文体要求：以书信为主，也可采用散文、诗歌等不同形式，以情真、意切、纯朴、动人的话语与父母进行情感的沟通；参赛作品1000字左右，所有参赛作品必须是本人的真实作品。

3. 作品提交：以电子版形式上传超星学习通。

四、实践活动记录表

思想政治理论实践课
书信

系　　部：________________

专业班级：________________

姓　　名：________________

学　　号：________________

学　　期：________________

<table>
<tr><th colspan="3">实践活动考核</th></tr>
<tr><td colspan="2">考核标准（符合标准的在对应的方框内画“√”）</td><td>考核成绩（满分 100 分）</td></tr>
<tr><td>格式规范、美观</td><td>优□ 良□ 好□ 中□ 差□</td><td rowspan="4"></td></tr>
<tr><td>语言平实、亲切</td><td>优□ 良□ 好□ 中□ 差□</td></tr>
<tr><td>逻辑严密</td><td>优□ 良□ 好□ 中□ 差□</td></tr>
<tr><td>其他</td><td>优□ 良□ 好□ 中□ 差□</td></tr>
<tr><td colspan="3">教师意见：

教师签名：
年　　月　　日</td></tr>
</table>

续表

续表

教师点评	

知识拓展

书信

书信包括一般书信和专用书信。一般书信即指私人往来的信件。专用书信包括感谢信、表扬信、慰问信、推荐信、介绍信、证明信、咨询信、申请书、聘书、决心书、倡议书、建议书、挑战书等。专用书信具有专门性和内容上的规定性。公开的专用书信大都用标题标明信件的性质。以团体署名的专用信件，一般不加结束语与问候语。

1. 书信起源

早在文字产生以前，人们就有“书信”来往，是采取结绳、刻符等方式。据考古发现，西安半坡遗址出土的彩陶器上已有刻画符号。到先秦及秦汉，出现了手书、家书、尺牍、手札、信函。但是这种手书、家书，一开始多半是用生绢书写，故称为“素书”。“长跪读素书，书中竟何如”即指此。后来随着纸的发明，写信逐渐用纸代替生绢了。今天的信，在古代也称为书。唐杜甫《春望》中写道“烽火连三月，家书抵万金”，其中“家书”就是家信。直到明清时代，“书”才正式叫“信”了。清代蒋士铨《岁暮到家》中写道：“寒衣针线密，家信墨痕新。”

2. 几种叫法

（1）尺牍：指古人用于书写的长一尺的木简，或是信札，书信。在纸张发明之前，用竹木或帛，制成尺把长的版面，用以书写记事，传递消息。

（2）鸾笺：古纸名，指彩笺，出自宋代苏易简《文房四谱·纸谱》。宋时蜀地善制十色彩笺，笺上隐然有花木麟鸾图案。

（3）雁帛：《汉书》记载苏武故事，言苏武被拘匈奴，牧羊于北海，后来汉朝廷要求匈奴放归苏武，匈奴谎称武已死。汉使则谓单于，汉皇在上林苑中，得北宋雁，雁足上系着帛书，说苏武等在某泽中，单于只得放苏武归汉。

（4）书简：指盛书信的邮筒，古代书信写好后常找一个竹筒或木筒装好再捎寄。后来书简也成了书信的代称。

（5）鲤鱼：汉乐府诗《饮马长城窟行》：“客从远方来，遗我双鲤鱼，呼儿烹鲤鱼，中有尺素书。”以鲤鱼代称书信有几种说法，有“双鱼”“双鲤”“鱼书”等。而且古代人还常常把书信结成鲤鱼形状。

（6）八行书：旧时信纸大多用红线直分为八行，因此称书信为八行书，简称八行。

（7）尺素：小幅的丝织物，如绢、帛等。汉乐府诗《饮马长城窟行》有：呼儿烹鲤鱼，中有尺素书。

3. 信件格式

一般的书信由六个部分构成。这六个部分是：称呼、问候、正文、祝福语、署名、日期。下面分别说说它们在格式上的要求。

（1）称呼。写一封信，先要把收信人的称呼顶格写在第一行，然后，再在后面加上冒号，表示下面有话要说。

（2）问候语。问候语要写在称呼的下一行，空两格。它可以独立成为一段。

（3）正文。正文一般分为连接语、主体文、总括语三个部分。每一个部分开头都应另起一行，空两格落笔。正文是信的主要部分，要说的话都在这里。正文前可以有问候语。如“你好”“近来工作忙吗”之类。这个问候语要缩两格写，也可以自成一段。如果问候语自成一段了，正文就要从另一行缩两格开始写，转行顶格。正文要分段，最好一事自成一段。每段开始都要空两格。要做到真诚、得体、简明、慎重。

（4）祝福语。祝福语是表示致敬或祝贺一类的话，如“此致”“祝”等。应独占一行，空两格写。

另外，在写与“此致”或“祝”相配套的“敬礼”“健康”等一类表示祝福的话语时，一般要另起一行顶格写。

（5）署名。写完信之后，在信的右下角写上发信人的姓名叫作署名。在署名的前面一般还要加上合适的称谓，如“你的同学”“你的好友”，“您的学生”等。

（6）日期。日期写在署名的下一行。

4. 主要类型

书信的种类很多，从用途上分，可分为一般书信和专用书信两种。专用书信是指专门用于某种事务联系的信件，如介绍信、证明信、慰问信、感谢信、倡议书、决心书、申请书等。一般书信，是指私人间来往的书信，它是我们平时和另一地方的亲友、师长、同学、同志及上级领导交流思想、商讨问题、互通情况时常用的一种文体。

实践项目三　尊老爱幼，青春先行

一、实践教学目标

老吾老，以及人之老；幼吾幼，以及人之幼。通过组织学生参与尊老爱幼志愿服务活动，旨在进一步加强学生的思想道德建设，培养他们尊老爱幼的社会意识和责任感。

二、实践活动流程

（一）实践活动准备

1. 学生在任课教师的指导下完成分组，每组以6~8人为宜，组员不得多于10人，各组应有明确分工，需设小组长和摄像师等，为志愿服务做好准备。

2. 各小组围绕尊老爱幼确定志愿服务的对象、地点、内容和形式。

3. 提前联系好相关单位工作人员，取得对方的信任和支持，以便于开展志愿服务活动。

4. 各小组结合志愿服务的对象，在教师的指导下，拟订志愿服务方案。

（二）实践活动过程

1. 各小组按照志愿服务方案落实志愿服务活动，做好拍照等记录工作。

2. 各小组整理志愿活动资料，认真撰写志愿服务报告，报告不少于2000字，并将报告上传至学习通平台由教师审核。

（三）实践活动总结

教师对此次活动进行总结点评，针对各组志愿服务活动情况进行有针对性地点评和知识拓展，深化学生对尊老爱幼的认识。

三、实践活动要求

1. 组织形式：团队。

2. 成果形式：志愿服务报告（需提交相关佐证和心得体会）字数不少于2000字。

3. 作品提交：以电子版形式上传超星学习通。

四、实践活动记录表

思想政治理论实践课
志愿服务报告

系　　部：________________

专业班级：________________

姓　　名：________________

学　　号：________________

学　　期：________________

实践活动考核		
考核标准（符合标准的在对应的方框内画“√”）		考核成绩（满分 100 分）
志愿服务前准备	优□ 良□ 好□ 中□ 差□	
志愿服务中表现	优□ 良□ 好□ 中□ 差□	
志愿服务报告撰写	优□ 良□ 好□ 中□ 差□	
其他	优□ 良□ 好□ 中□ 差□	
教师意见： 教师签名： 年　　月　　日		

志愿服务报告

续表

教师点评	

知识拓展

志愿服务的要求及注意事项

志愿服务是指志愿者贡献个人的时间及精力，在不求任何物质报酬的情况下，为改善社会、促进社会进步而提供的服务。志愿服务是培育和弘扬社会主义核心价值观的重要载体。志愿服务的精神是奉献、友爱、互助、进步。其中，奉献精神是精髓。参与志愿服务活动，一方面，帮助了他人、服务了社会，推动了社会道德水平的提高，另一方面，也把为社会和他人的服务看作自己应尽的义务和光荣的职责，从服务社会和帮助他人中获得成就感和幸福感。当前，志愿服务已经成为大学生参与社会实践、成长成才的重要舞台，成为大学生关爱他人、传播青春正能量的重要途径。大学生志愿服务活动已经遍及农村扶贫开发、城市社区建设、环境保护、大型活动、抢险救灾、社会公益等领域。新时代的大学生应结合自身的能力、专业、特长，在最需要的地方提供优质高效的服务，为最需要关爱的群体送温暖、献爱心，并在志愿服务中长知识、强本领、增才干。

志愿服务精神是一种崇高的精神体现，它包含奉献、友爱、互助、进步等核心要素。这一概念的提出者是联合国前秘书长科菲·安南，他通过这一概念表达了人们对志愿服务的由衷赞美和肯定。志愿服务精神是人类社会中一种积极向上的价值取向，它激励着人们无私地为社会贡献自己的力量，为促进和谐、进步和共同繁荣而努力。

1. 具体精神

（1）奉献。“奉献”原指恭敬地交付、呈献，即不求回报地付出。奉献精神是高尚的志愿服务精神的精髓。志愿者在不计报酬、不求名利、不要特权的情况下参与推动人类发展、促进社会进步的活动，这些都体现着高尚的奉献精神。1938 年，白求恩大夫放弃优越的物质条件，不远万里从加拿大来到中国，为八路军提供医疗救治服务，帮助创办了军区卫生学校，亲自编写各种教材并讲课。1939 年秋，他在抢救伤员时因不幸感染病毒而牺牲。白求恩大夫将自己的生命奉献给了中国，这种国际主义精神也是奉献精神的重要体现。

（2）友爱。志愿服务精神提倡志愿者欣赏他人、与人为善、有爱无碍、平等尊重，这便是友爱精神。志愿者之爱跨越了国界、职业和贫富差距，是没有文化差异、没有民族之分、不论高低贵贱的平等之爱，它让社会充满阳光般的温暖。如无国界医生，他们不分种族、政治及宗教信仰，为受天灾、人祸及战火影响的受害者提供人道援助，他们奉献的是超国界之爱。1999 年 10 月 15 日，无国界医生组织因“一直坚持使灾难受害者享有获得迅速而有效的专业援助的权利”而获得当年的诺贝尔和平奖。

（3）互助。志愿服务包含着深刻的互助精神，它提倡“互相帮助、助人自助”。志愿者凭借自己的双手、头脑、知识、爱心开展各种志愿服务活动，帮助那些处于困难和危机中的人们。志愿服务者以“互助”精神唤醒了许多人内心的仁爱和慈善，使他们付出所余，持之以恒地真心奉献。“助人自助”帮助人们走出困境，自强自立，重返生活舞台。受助者获得生活的能力后，也会投入关心他人、帮助他人、为社会做贡献的志愿活动中，这些志愿活动都涵盖着深刻的“互助”精神。

（4）进步。进步精神是志愿服务精神的重要组成部分，志愿者通过参与志愿服务，自己的能力得到提高，同时促进了社会的进步。在志愿活动中无处不体现着“进步”的精神，正是这一精神使人们甘心付出，追求社会和谐之境的实现。

2. 志愿者界定

“志愿者”的概念可以从 5 个方面界定。

（1）自愿。即主观自觉选择，没有强制性。

（2）不图物质报酬。即动机上不追求物质报酬，但不否定开展志愿服务需要一定的物质条件。

（3）服务于社会公益事业。即服务的内容应是社会公众的公共利益和困难群体的利益，不是社会非困难群体的小团体利益；同时属于政府职责范围内的事情、能够通过正常的市场交换获得的服务（困难群体除外），一般不能作为志愿者服务的内容。

（4）奉献自己的力所能及。奉献自己的时间、精力、智力、经验的人是志愿者外，出于自愿的献血、捐献骨髓、捐款捐物的人，也是志愿者。

（5）非本职职责范围内。如自来水公司修理水管的职工，如果他正在值班、正在岗位上，为用户提供了优质的修理水管服务，那是本职工作，不是志愿服务；如果他不在值班、不在岗位上，是利用业余时间自愿且不取报酬地为他人提供了修理水管的服务，那他就是志愿者了。

3. 志愿工作特征

志愿工作具有志愿性、无偿性、公益性、组织性四大特征。

有些人片面地认为从事志愿工作是慈善为怀、乐善好施的表现，把志愿工作看成一种单方面的施与；认为志愿工作只是为了减轻专职人员的工作负担，把志愿者当作“廉价劳动力”；认为只有那些不愁衣食及有大量空余时间的人，才有资格或才会参加志愿工作。

其实，每个人都有参与社会事务的权利和促进社会进步的能力，同样，每个人都有促进社会繁荣进步的义务及责任。参与志愿工作是表达这种“权利”及“义务”的积极和有效的形式。在服务他人、服务社会的同时，自身得到提高、完善和发展，精神和心灵得到满足。

因此，参与志愿工作既是“助人”，亦是“自助”，既是“乐人”，同时也“乐己”。参与志愿工作，既是在帮助他人、服务社会，同时也是在传递爱心和传播文明。志愿服务个人化、人性化的特征，可以有效地拉近人与人之间的心灵距离，减少疏远感，对缓解社会矛盾，促进社会稳定有一定的积极作用。

4. 五层境界

第一层：帮助别人，自己快乐。这是初为志愿者最深最直接的感受，在帮助别人后，看到别人因而获得快乐而自己因此也变得快乐。

第二层：身为志愿者，心是志愿者。不论身在何处，不管人到哪里，离开了服务场所也处处留芳，手有余香。为这个社会需要帮助的人们提供帮助，服务社会。

第三层：关爱他人，关爱自己。志愿者是爱的群体，把这种对服务对象的爱转化为对自己的朋友爱人同事家人的爱和关心，去让这个世界充满温暖。

第四层：发动社会，服务社会。用我们的影响力去让尽可能多的社会成员都来关心我们的服务对象进而关心我们这个社会。

第五层：生命不息，奋斗不已，送人玫瑰，传播文明，生命不止，奋斗不息。春蚕到死丝方尽，蜡炬成灰泪始干，做志愿者，一辈子！

第六章

做一名自律自强自我约束者

◆ 导语

个人品德在社会道德建设中具有基础性作用。在现实生活中，社会公德、职业道德和家庭美德的状况，最终都是以每个社会成员的道德品质为基础的。社会公德、职业道德和家庭美德建设，最终都要落实到个人品德的养成上。

一、自律是中华传统美德的重要要求

中华传统美德是中华民族在几千年历史发展中积淀、赓续的文化精髓，影响着社会的文明风尚和思维观念，是中华民族的重要文化标识。2014 年 10 月 15 日习近平总书记《在文艺工作座谈会上的讲话》(《十八大以来重要文献选编》(中)，中央文献出版社 2016 年版，第 136 页）中指出："中华民族在长期实践中培育和形成了独特的思想理念和道德规范，有崇仁爱、重民本、守诚信、讲辩证、尚和合、求大同等思想，有自强不息、敬业乐群、扶正扬善、扶危济困、见义勇为、孝老爱亲等传统美德。中华优秀传统文化中很多思想理念和道德规范，不论过去还是现在，都有其永不褪色的价值。"

我们青年要不断从中华民族传统美德中汲取道德滋养，积极传承和弘扬中华优秀传统文化中蕴含的修身处世的道德理念和千年传承的浩然正气，"用优秀传统文化正心明德"，在自身内省中提升道德修为，明大德、守公德、严私德，为中华民族伟大复兴提供强大精神支撑。

古人认为无论是治国还是治天下都需要德行和德性。"自天子以至于庶人，壹是皆以修身为本"，这是中华传统文化对个人修养的朴素表达，在《礼记·大学》中提出"修身齐家治国平天下"，把修身作为君子立世的基石，严格约束自己的操守和行为才能为人生发展奠定坚实的基础。而不受外界约束和情感支配，根据自己的善良意志按自己颁布的道德规律而行事的道德原则就是自律。自律最早出自《左传·哀公十六年》"呜呼哀哉！尼父，无自律"即在没有人约束的情况下，通过自我的高标准要求和约束自我，遵循法度要求，规范好自己的一言一行。唐代张九龄在《贬韩朝宗洪州刺史制》中说"不能自律，何以正人？"意思是说如果一个人不能很好地自我管理、自我约束，就不能成为一个正直、有道德的人。

在我们的日常生活中，自律非常重要。如果人们没有自律精神，就会失去自我约束，违反社会公德、道德规范，对个人和社会都会带来负面影响。唐代张九龄在《贬韩朝宗洪州刺史制》中说“不能自律，何以正人？”意思是说，一个人如果不能自我管理、自我约束，就无法成为一个正直、有道德的人。只有通过遵循规则法度，自我约束和自我教育，才能让自己变得更加优秀、更加成功。可以说自律不仅是个人的行为品质，更是自我的人生态度。

二、自强是自我成就与奉献社会的强大动力

自强指在修身自立的基础上，不断提升和完善自己。自强是一种精神，是个人行为的一种态度，也是一个人努力奋斗、成就自我和奉献社会的强大动力。易经乾卦中说“天行健，君子以自强不息”，说的是天的运动刚强劲健，与此相对，君子在行为处事时要像天一样，严格要求自己，不断追求进步，刚毅坚卓，奋发图强。自强是在自爱、自信的基础上克服意志消沉和自我放纵，在充分认识自己、肯定自我的基础上，振奋精神，克服困难，积极进取，努力奋斗，不断前行，做生活的强者，从而担负起时代赋予的重任。

自强也是人生发展的目标和方向。自强是一道门，当你愿意走向这道门时，自强不息、积极进取、奋发有为的品质和精神就是你努力的方向和获得的成就，是你黑暗中指引的灯塔，是消极时催人奋进的号角，是漫无目的时指路的罗盘。同时自强也是走向人生新高度，获得人生新视野的起点，“自强者自胜，自胜者自强”，到达这道门，就好比推开一个新的世界之门，你将迎来新的风景、更高的成就。

三、自律与自强相互依存，相互促进

我们也要认识到自律是自强的前提，只有自律才能提升个人能力，促进自我成才，而后才能更好地成就自我，有担当、有作为。人生要自强，但没有自律是不行的，自律与自强为我们的成长和成功提供了强大的动力。

首先，自律是基石，是一个人成长成才的基本品质。在当今各种各样的物质与精神诱惑中，我们青年只有加强自律，严格约束自我，坚定理想信念，才能克

服外界的诱惑和自身的懒惰，激励自己积极向上，奋发有为。

其次，自强目标，更是我们前行的强大动力。没有自强，我们可能会在面对困难时放弃，失去前进的动力。自强需要自律才能成就，自律需要自强指引和激励，通过自强，我们才能不断挑战自我，勇敢面对困难和挫折，不畏艰难，勇往直前。

当然，自律与自强不是与生俱来的品质，也不是一蹴而就的过程，而是需要我们通过不断地学习和实践来培养和提升的，经过长期的坚持和努力不断夯实。在这个过程中，我们可能会遇到各种困难和挑战，但只要我们坚定信念，保持自律与自强的精神，就一定能够克服困难，实现自己的目标。

因此，我们要时刻保持自律与自强的精神，不断地提升自己的竞争力，我们才能适应这个日新月异的世界，在自己的领域中脱颖而出，创造属于自己的辉煌人生。

实践项目一 “笔尖筑梦，流墨生香”读书活动方案

一、实践教学目标

“学无止境，笔记于心”。学习是一个漫长的过程，读书笔记是对知识进行梳理、总结、反思的集中体现，它不仅可以帮助学生们更好地理解和记忆知识点，还可以培养同学们的归纳和整理能力。“笔尖筑梦，流墨生香”读书活动旨在加强学风建设，激发同学们的学习热情，提高学习效率，丰富学习生活，帮助学生形成良好的学习习惯。

二、实践活动方案

（一）实践活动准备

1. 宣传与策划：由任课教师在班级中宣传，鼓励学生积极参与活动，并制定好相应的策划方案。

2. 制订读书计划：根据班级特点及学生具体情况制订切实可行的读书计划。

3. 明确规定每日最低阅读量。

4. 明确规定每天阅读之后书写不少于五条读书笔记。

（二）实践活动过程

1. 读书活动启动仪式：由任课教师选择合适的时间地点举行“笔尖筑梦，流墨生香”读书活动启动仪式。

2. 学生根据读书计划选择书籍进行阅读，在阅读过程中实时记录，每天阅读完毕后书写不少于五条读书笔记。

3. 活动结束后，由任课教师对活动完成情况进行公示。

（三）实践活动总结

1. 学生读书笔记完成后，任课教师选择其中较好的笔记并请笔记作者在课堂上分享。

2. 任课教师从活动准备、学生参与、活动效果等方面对实践教学活动进行总结，肯定学生在活动中的精彩表现，同时指出学生的不足之处。

三、实践活动要求

1. 每日必须完成规定的最低阅读量。

2. 每日阅读完毕后书写不少于五条读书笔记。

3. 笔记字数、文体等均不限。

4. 笔记必须为本人所记录的真实学习笔记，具有原创性和实用性，不得作假与抄袭。

四、实践活动记录表

思想政治理论实践课
读书笔记

系　　部：________________

专业班级：________________

姓　　名：________________

学　　号：________________

学　　期：________________

实践活动考核		
考核标准（符合标准的在对应的方框内画“√”）		考核成绩（满分 100 分）
格式规范	优□ 良□ 好□ 中□ 差□	
语言平实、精练	优□ 良□ 好□ 中□ 差□	
材料翔实、逻辑严密	优□ 良□ 好□ 中□ 差□	
写作态度认真	优□ 良□ 好□ 中□ 差□	
其他	优□ 良□ 好□ 中□ 差□	
教师意见： 教师签名： 年　　月　　日		

续表

题目：
正文：

续表

教师点评	

相关知识拓展

（一）如何选择一本好书

1. 经典名著。

2. 名人传记。

3. 名人书单。

4. 以书找书。

5. 寻找概论。

（二）文章格式

1. 封面

（1）题目：小二号黑体加粗居中。

（2）各项内容：四号宋体居中。

2. 目录

（1）目录：二号黑体加粗居中。

（2）章节条目：五号宋体。

（3）行距：单倍行距。

3. 论文题目：小一号黑体加粗居中。

4. 中文摘要

（1）摘要：小二号黑体加粗居中。

（2）摘要内容字体：小四号宋体。

（3）字数：300 字左右。

（4）行距：20 磅。

（5）关键词：四号宋体，加粗；词 3～5 个，每个词间空一格。

5. 英文摘要

（1）ABSTRACT：小二号，字体用 Times New Roman。

（2）内容字体：小四号 Times New Roman。

（3）单倍行距。

（4）Keywords：四号，加粗；词 3～5 个，小四号，字体用 Times New Roman，词间空一格。

6. 绪论

（1）绪论：小二号黑体加粗居中。

（2）内容：500 字左右，小四号宋体，行距：20 磅。

7. 正文

（1）正文用小四号宋体。

（2）章：标题用小二号黑体，加粗，居中。

（3）节：标题用小三号黑体，加粗，居中。

（4）一级标题序号，如：一、二、三、标题四号黑体，加粗，顶格。

（5）二级标题序号，如：（一）（二）（三）标题小四号宋体，不加粗，顶格。

（6）三级标题序号，如：1.2.3. 标题小四号宋体，不加粗，缩进两个字。

（7）四级标题序号，如：（1）（2）（3）标题小四号宋体，不加粗，缩进两个字。

（8）五级标题序号，如：①②③标题小四号宋体，不加粗，缩进两个字。

8. 表格

每个表格应有自己的表序和表题，表序和表题应写在表格上方正中。表序后空一格书写表题。表格允许下页接续写，表题可省略，表头应重复写，并在右上方写“续表 ××”。

9. 结束语

（1）结束语：小二号黑体加粗居中。

（2）内容：300 字左右，小四号宋体，行距：20 磅。

10. 致谢

（1）致谢：小二号黑体加粗居中。

（2）内容：小四号宋体，行距：20 磅。

11. 参考文献

（1）参考文献：小二号黑体加粗居中。

（2）内容：8—10 篇，五号宋体，行距：20 磅。参考文献以文献在整个论文中出现的次序用［1］、［2］、［3］……形式统一排序、依次列出。

（3）参考文献的格式：

①著作：［序号］作者 . 译者 . 书名 . 版本 . 出版地：出版社，出版时间：引用部分起止页 .

②期刊：［序号］作者 . 译者 . 文章题目 . 期刊名 . 年份 . 卷号（期数）：引用部分

起止页 .

③会议论文集：[序号] 作者 . 译者 . 文章名 . 文集名 . 会址 . 开会年 . 出版地：出版者，出版时间：引用部分起止页 .

12. 附录（可略去）

（1）附录：小二号黑体加粗居中。

（2）英文内容小四号，字体用 Times New Roman，单倍行距。翻译成中文字数不少于 500 字，内容五号宋体，行距：20 磅。

13. 提示

（1）论文用 A4 纸纵向单面打印。

（2）页边距设置：上 2.5cm，下 2.5cm，左 3.0cm，右 2.0cm。

实践项目二 严于律己，健康身心百里跑活动方案

一、实践教学目标

古人云：“修身齐家治国平天下。”把修身作为君子立世的基石，通过开展严于律己，健康身心百里跑活动，旨在丰富我校大学生业余文化生活，弘扬自强不息的长征精神，倡导“我运动，我快乐”的健康运动理念，营造健康、快乐、和谐、奉献的校园文化，磨砺广大青年学生的意志品质，培养其奉献精神的优良品质，用强身健体的实际行动来提高学生的身心修养。

二、实践活动方案

（一）实践活动准备

1. 宣传与策划：由任课教师在班级中宣传，激励引领学生“强身健体、达标争优”，并制定相应的策划方案。

2. 明确活动打卡天数、每日跑步达标里程数及跑步活动达标总里程数。

3. 确定活动开展的时间及地点。

（二）实践活动过程

1. 参加并实行起跑仪式：由任课教师带头在学校操场参加并实行“严以律己，健康身心百里跑”活动起跑仪式。

2. 日常跑步打卡：活动开展过程中，学生完成每日跑步目标里程后及时在“宥马运动”小程序中打卡。

3. 活动完成情况：活动结束后，由任课教师对活动完成情况进行公示。

（三）实践活动总结

1. 活动结束后，由参与活动的任课教师对活动开展情况进行总结，同时给学生讲授跑步的重要性及相关跑步小知识，深化学生对自律精神的认识。

2. 将本次跑步活动的照片及相关资料汇编成册，作为教学成果资料存档。

三、实践活动要求

1. 班级同学要积极主动地参与到“严于律己，健康身心百里跑”活动中；

2. 以小组或个人为单位完成每天的目标里程；

3. 任课教师和班委要身体力行，发挥好带头作用；

4. 做好过程记录，每日完成目标里程后在“宥马运动”小程序中按时打卡；

5. 平安第一，跑步活动不得在校外马路上进行；

6. 禁止弄虚作假，活动需本人参与，里程必须真实有效。

四、实践活动记录表

思想政治理论实践课
跑步

系　　部：________________

专业班级：________________

姓　　名：________________

学　　号：________________

学　　期：________________

<table>
<tr><th colspan="3">实践活动考核</th></tr>
<tr><td colspan="2">考核标准（符合标准的在对应的方框内画“√”）</td><td>考核成绩（满分 100 分）</td></tr>
<tr><td>每日里程数完成情况</td><td>优□ 良□ 好□ 中□ 差□</td><td rowspan="4"></td></tr>
<tr><td>参与打卡天数情况</td><td>优□ 良□ 好□ 中□ 差□</td></tr>
<tr><td>完成活动总里程数情况</td><td>优□ 良□ 好□ 中□ 差□</td></tr>
<tr><td>其他</td><td>优□ 良□ 好□ 中□ 差□</td></tr>
<tr><td colspan="3">教师意见：

教师签名：
年　　月　　日</td></tr>
</table>

续表

题目：
正文：（过程记录，可为照片或文字记录心得等）

续表

教师点评	

知识拓展

（一）健康跑步小知识

1. 跑步前准备：在跑步前，先进行热身运动，如慢跑、仰卧起坐、深蹲等，缓慢地将身体推向运动状态，避免因猛烈运动造成肌肉损伤，同时要注意穿合适的运动鞋。

2. 跑步姿势：在跑步时，要注意保持良好的姿势，包括保持平稳的步频、挺直的腰背、肩膀放松、手臂自然摆动等。不仅可以减轻身体负荷，还可以提高跑步效果。

3. 呼吸方法：在跑步时，要采用正确的呼吸方法。一般来说应该尽量深度地吸气，多吐气，保持呼吸节奏稳定。如果感到气短或心跳过快，可采取缓慢地走路或慢跑的方式来恢复呼吸。

4. 饮食：跑步前后的饮食也需要有所注意。在运动前 2～3 小时不应过度进食，可适当吃些低 GI 值、高能量的碳水化合物食物，如面包、香蕉等。在跑步后应及时补充水分和能量，以便身体更好地进行恢复。

5. 休息和恢复：跑步是一项高强度的运动，所以要注意休息和恢复。在跑步后可以进行散步、慢跑等轻度的运动进行恢复。在休息时也需要注意营养补充、补充水分等，以便更好地恢复身体。

（二）跑步的功效与作用

1. 增加骨头密度。跑步的时候骨头会感受到压力，而在压力下有一种特殊物质会被骨头吸收，这样会让骨头变得更加强壮，可以有效地防止骨质疏松。

2. 延缓衰老。日常生活中，人们经常跑步，能加强人体的新陈代谢，而且能延缓人体骨骼的退行性改变，能维持中老年骨骼健康，而且能延缓人体衰老，可以让人体骨骼保持在比较年轻健康的状态。

3. 释放压力，增加自信。跑步能提高大脑中血清素的水平，它可以让你更加平静和放松，压力过大的时候，跑步是一个很不错的选择。一旦开始跑步，自己的自信心就会增加，感觉生活和体重以后都会变得更加美好。

4. 健美肌肉。跑步是一种能让全身都动起来的运动，它能让人类身体上的肌肉有节奏地收缩和松弛，经常如此锻炼，能让肌肉中纤维数量增加，而且肌肉中蛋白质的数量也会明显提高，让人类的肌肉更甜美，更发达，它比其他任何健身方式对肌肉的影响都要明显。

5. 提高心脏功能和肺活量。长期跑步会让你的心脏及心血管功能更加强大，因为在提高最大摄氧量的同时，身体各个器官输送的氧量也在大大增加，各个器官的工作质量自然大大提高，而且通过下肢的运动，促使静脉血流回心脏，还可以预防静脉血栓的形成。

6. 增强体质。生活中人们坚持经常跑步，还能加快身体内肠胃蠕动，而且能增加消化液分泌，它能让人体消化能力明显提高，另外经常跑步还能增加食欲，能让人们有种胃口大开的感觉，这样就能让人体吸收丰富的营养，能让人们的体质更强壮更健康。

实践项目三 “自律自强故事集”征稿方案

一、实践教学目标

开展“自律自强故事集”征稿活动，意在充分挖掘学生身边的自律自强素材，从而有效发挥榜样的示范引领作用，展现当代大学生的青春风采，为学生提供一个展现自我的平台，在这一过程中加深同学间的了解，促进学生相互勉励、共同进步，达到典型示范的效应，激励更多的青年大学生立大志、明大德、成大才、担大任，肩负起强国复兴的时代使命，在奋进新时代的历史征程上书写华彩篇章。

二、实践活动方案

（一）实践活动准备

1. 宣传与策划：由任课教师在班级中宣传，鼓励学生积极参与到此次活动当中，并制定相应的策划方案。

2. 活动主题：活动以“自律与自强”为主题，学生在任课教师的指导下，充分发掘自身的自律自强事迹，并将事迹整理成通俗易懂、言简意赅的故事内容。

（二）实践活动过程

1. 构思作品的形式和内容，前期撰写过程中可寻求教师的指导。

2. 自律自强故事作品完成后，以电子版的形式上传至学习通平台。

（三）实践活动总结

1. 学生作品完成后，任课教师选择其中较好的作品并请作品作者进行课堂分享；

2. 任课教师对学生作品进行点评；

3. 将本次活动学生投稿的故事作品汇编成集。

三、实践活动要求

1. 以“自律与自强”为主题；

2. 投稿作品字数需在 1000 字左右；

3. 文体不限，要求语言流畅、情真意切、淳朴动人；

4. 作品须为原创，没有在任何文摘、报刊等平台发表过。

四、实践活动记录表

思想政治理论实践课
故事集

系　　部：________________

专业班级：________________

姓　　名：________________

学　　号：________________

学　　期：________________

实践活动考核		
考核标准（符合标准的在对应的方框内画“√”）		考核成绩（满分 100 分）
格式规范	优□ 良□ 好□ 中□ 差□	
语言平实、精练	优□ 良□ 好□ 中□ 差□	
材料翔实、逻辑严密	优□ 良□ 好□ 中□ 差□	
写作态度认真	优□ 良□ 好□ 中□ 差□	
其他	优□ 良□ 好□ 中□ 差□	
教师意见： 教师签名： 年　　月　　日		

续表

题目：
正文：

续表

教师点评	

知识拓展

（一）故事文写作构成

1. 三点故事工作流

（1）人物（people）

①作用：通过塑造人物形象，构建观众与故事间的连接，让观众被故事吸引。

②特征：独特性——独一无二的性质、欲望——想做一直未做的事情、复杂性——引起欲望的原因及挫折。

（2）目的（purpose）

①作用：帮助读者抵达故事的终点。

②构成：一句话构建故事的目的；列举三个关键词进行联想，给读者一定想象空间。

（3）情节（plot）

①作用：随事件不断推进，让观众对故事保持时刻关注；冲突驱动情节发展（为什么会这样？让读者感到疑问）。

②类别：六大类矛盾构成情节的发展—人与人、人与自然、人与社会、人与技术、人与未知自然、人与自我。

2. 六大故事情节点

（1）HOOK：制造悬念

在故事开头制造悬念，引起读者注意。人物发表观点，引起读者共鸣。

（2）ASK：挑战

在故事发展的开始有哪些主观和客观的挑战，进行列举。

（3）ACCEPTANCE：接受挑战

人物经过一系列的斗争选择接受挑战。

（4）HURDLES：过程起伏

在故事发展的过程中又有哪些困难和阻挠影响，人物做出了哪些努力，进行列举。

（5）ANSWER：结果

描述事情最终的结果及克服困难的心理过程。

（6）JAB：升华，行动呼唤

总结分析整个故事的重要节点，进行点题升华、行动呼唤等。

（二）记叙文写作的15个技巧

1. 巧设悬念

记叙文写作中，可以先把文章后面将要表现的内容，先在前面作一个提示，但不马上解答，以引起读者的好奇，产生急于看下去的迫切心情，这样文章的开头，我们称为巧设悬念。它的好处是能避免结构上的单调，使文章的情节波澜起伏，引人入胜。

2. 一线串珠

记叙文的线索是贯穿全文、将材料串联起来的一条主线，它把文章的各个部分联结成一个统一、和谐的有机体。如果说丰富而生动的材料是一颗颗珍珠，那么线索就是将这些珍珠串联起来的一条线。

记叙文的线索主要有实物、人物、事件、时间、地点以及作者的思想感情等。无论采取哪种线索，都必须从表现文章的中心思想和体现各种材料之间的内在联系出发，灵活巧妙地确定。

3. 以小见大

以小见大，就是以小题材表现大主题的方法。生活中有些材料看起来似乎很平常，但包含了深刻的意义。“一滴水也可以反映太阳的光辉”。只要善于透过现象发现本质，小材料同样能反映深刻的主题。

4. 穿插流动

在叙述过程中，插入一些与情节相关的内容，使文章的内容更加丰富，这种用在谋篇上的手法，叫穿插流动。穿插流动的手法，是插叙的一种特殊用法。

如吴伯箫的《难老泉》和翦伯赞的《内蒙访古》，前者记叙山西晋祠难老泉的景物时，不时穿插文史资料、传说故事；后者描写内蒙古风光和古迹时，插入文献和历史事实。这些插入，不仅能使文章的内容丰富，而且增加可读性。当然，一篇文章中的穿插也不宜太多，过多的穿插也会影响文章本身的连贯性。

5. 粗笔勾勒

粗笔勾勒法就是用寥寥的几笔重点勾勒出人物外貌的主要特征。采用粗笔勾勒法描写人物肖像，可以对人物的身材、体型、衣着、容貌、神情、姿态、风度的某一方面或几个方面作简要地勾勒。

运用粗笔勾勒法描写人物肖像要抓住人物最主要的特征，用朴实的文字简略地写出来，不宜用过多的形容词、过多的比喻。其次要简练传神，通过寥寥几笔勾勒出人物的大致形象。

6. 曲径通幽

“曲径通幽”是指一种不是开门见山，直抒胸臆，而是曲折委婉地逐步显现主题的谋篇手法。

运用“曲径通幽”法，要注意两点：①“曲径”是手段，“通幽”是目的，手段要为目的服务。②行文的曲折应适当有度，不要为曲折而曲折。

7. 烘托艺术

烘托艺术原是中国画的技法名称，是指渲染某一部分，衬托出另一主要部分来。把这种手法运用到文章的构思中来，就是从侧面通过描绘某件事、景或人的方法来衬托出主要人或事物，又称“衬托法”。衬托，也叫映衬。用类似的或反面的事物，使主要事物更加鲜明突出，从而达到强烈的表达效果。

①衬托，可分正衬和反衬

正衬，就是用类似的事物，从正面去陪衬。烘托主要事物。如“风萧萧兮易水寒，壮士一去兮不复还”，用冷风寒水来衬托壮士此行的悲壮。

反衬，就是利用同主要事物相反或相异的事物作陪衬。如“蝉噪林逾静，鸟鸣山更幽”，以有声衬无声。

②运用衬托要宾主分明，陪衬事物与被陪衬事物，要让人一看便清楚，不能喧宾夺主。

③衬托和对比的区别：

对比，是把两种不同的事物或同一事物的两个不同方面放在一起相互比较。它与反衬有些相似，但不同。对比，意在比，突出的对象是双方的，对立两事物无主宾之分。

衬托，意在衬，两事物有主宾之分，突出的是主要一方。如“先天下之忧而忧，后天下之乐而乐”与“已是悬崖百丈冰，犹有花枝俏”，前句是对比，后句是反衬。

8. 画龙点睛

画龙点睛是指在适当的时候以一两句议论，点明事物、人物、景物的意义之所在，或揭示作品主题，醒人之耳目，给人以启迪。点睛之处可以是在篇中，也可在篇末。

9. 铺垫蓄势

铺垫也称铺叙衬垫，它是为了突出主要的人物或事物而铺叙另外的人物或事物以作衬垫。运用铺垫写法是为了蓄积气势，是为了突出文章主旨。

运用铺垫手法须注意两点：一是要注意写好铺叙的那一部分，只有将这部分写充分了，才能有效地蓄积气势。二是运用铺垫要自然，如果为铺垫而铺垫，过多地堆砌，反会暴露出人为的痕迹，那效果就适得其反了。

10. 前后照应

前后照应法可以使文章严谨连贯，浑然一体，又突出内容和结构上的内在联系。照应一般有以下几种。

①内容和标题相照应。这种照应方法常常是内容安排多处和题目照应，或在恰当的地方直接、间接地点明题意。如《背影》，文中多次描写“背影”，既与标题“背影”相照应，又进一步点明题旨，充分表达了作者对父亲深深的思念之情。

②行文中间照应。这种照应方法就是在文章前面写事，后面行文交代前面所写事的结果，使内容相互补充，层层深入。

③结尾与开头照应法。在文章的结尾处对开头交代的事情作必要的提及，使文章首尾一致，成为有机的整体。如《白杨礼赞》一文，开头和结尾照应，不但使文章结构显得非常完整，而且使作者的赞美之情得到了淋漓尽致地抒发。

11. 镜头剪辑

镜头指影视所拍摄的一系列画面。镜头剪辑用于写作，指选取一组生动的画面来表现主题。此类文章是将所写的人物按照或故事或画面或片段有序地写下来，其间的每一部分都可单独成文，组合起来又是一个完整的篇章。这种又被人们称为“冰糖葫芦式”结构，由于其形式新颖，巧妙精致而受到好评。

12. 卒章显志

在文章结尾时，用一两句话点明中心、主题的手法就叫卒章显志，也叫“篇末点题”。“志”就是指文章的主题、中心。恰当运用这种手法可以增加文章的深刻性、感染力和结构美，具有“画龙点睛”的艺术效果。

13. 时空交织

在记叙一件较复杂的事情时，在同一时间段中，先叙甲地的情况，再叙乙地的情况，转而再写甲地的人事，这就是“时空交织”的文章构制方法。它有利于结构紧凑，文字简练。

有时，在叙述一件事的过程中，作者运用插叙、补叙等手法，也可构成“时空交织”的感觉，我们把这种谋篇方法也纳入“时空交织”中。

14. 一波三折

记叙性文章要避免平铺直叙，记流水账，如能写得波澜起伏，就能引人入胜，耐看。“一波三折”，“波折”要入情入理，让读者产生情理之中、意料之外的感觉，方能做到引人入胜。而脱离生活，故弄玄虚的“波折”非但不能吸引读者，还会适得其反。

15. 欲扬先抑

“欲扬先抑”与“欲抑先扬”是相反的两种布局方法。所谓欲扬先抑，是指本要大力颂扬的对象，而落笔开始却贬抑它，批评它。前文的“抑”，反衬了后文的“扬”。采用这种写作手法，要自然合理，切不可牵强生硬。

第七章

做一名尊法学法守法用法的奉法者

◆ 导语

法治是人类文明进步的重要标志，是治国理政的基本方式。法治兴则国兴，法治强则国强。在全面依法治国、建设法治中国的进程中，大学生不仅要学习马克思主义法治理论、习近平法治思想，更要深入开展法治实践，在实践中深刻理解社会主义法律的本质特征和运行机制，整体把握中国特色社会主义法治道路、法治体系的精髓，尊重和维护宪法法律权威，不断提升法治素养，努力做尊法学法守法用法的模范。

实践项目一　模拟法庭

一、实践活动介绍

模拟法庭是一种实践活动形式，旨在通过模拟司法审判，使学生熟悉司法审判的过程，从中体会社会主义法治的运行机制。在模拟法庭中，学生扮演不同的诉讼角色，如法官、律师、原告、被告等，参与模拟案件的审理。这个过程不仅包括法庭调查、法庭辩论等环节，还涉及法律条文的检索和理解。

模拟法庭的活动内容可以根据不同的法律领域（如民事、刑事、行政等）进行制定，以适应不同类型案件的模拟需求（后附刑事案件模拟案例）。通过这种方式，学生可以将理论知识与实践经验相结合，提高他们的发现问题、分析问题和解决问题的能力，同时培养法治思维、语言表达能力、组织协调能力、应变能力和团结协作能力。

二、实践活动目的

1. 增强大一学生对法律程序和基本法律条文的理解和认识，提升法律素养。

2. 通过模拟法庭的实践活动，使学生能够亲身体验法庭审判的全过程，加深对法律公正和法治精神的理解。

3. 培养学生的法治思维、语言表达能力、组织协调能力、应变能力和团队协作能力，为将来的学习和生活打下坚实基础。

三、实践活动方案

（一）实践活动准备

1. 根据需要进行分组，8～10 人为一组。

2. 分配角色：角色包括审判长 1 人、审判员 1 人、公诉人 1～2 人或原告 1 人、辩护人 1～2 人、被告人 1 人、书记员 1 人、法警 1～2 人。

3. 参与学生自行选取感兴趣的典型案例，编写模拟法庭剧本及台词，请指导老师修改，有条件的可以请公检法相关人员修改审阅剧本。

4. 组织学习相关法律条文和审判程序，为模拟法庭活动做好知识储备。

（二）模拟法庭演练

1. 按照剧本进行模拟法庭演练，注意角色定位、语言表达和法庭礼仪。

2. 指导老师对演练过程进行点评和指导，纠正错误和不足。

（三）正式模拟法庭

1. 布置模拟法庭现场，营造真实的法庭氛围。

2. 按照正式庭审程序进行模拟法庭活动，确保各环节严谨、规范。

（四）实践活动总结

1. 模拟法庭活动结束后，组织学生进行总结和反思，填写实践活动记录表，撰写和分享心得体会。

2. 指导老师对活动进行总结评价，提出改进意见和建议。

四、实践注意事项

（一）角色定位准确

每个参与者应清楚自己所扮演角色的职责和权限，避免在模拟过程中出现越权或失职的情况。

（二）语言表达规范

台词应准确、规范，符合法律术语和庭审语言特点，避免使用口语化或不规范的表达。

（三）遵守法庭礼仪

模拟法庭活动应严格遵守法庭礼仪，包括着装、坐姿、起立等，以体现对法庭的尊重和严肃性。

（四）紧急预案

制定紧急预案，包括突发事件的应对措施和疏散方案，确保在紧急情况下能够迅速、有序地处理。

（五）人员安全

参与模拟法庭活动的人员应遵守活动规则，不得进行危险动作或行为，确保自身和他人的安全。如有需要，可提前联系校医院或附近医疗机构，以便在发生意外情况时能够及时得到医疗救助。

通过加强注意事项和安全防范措施的落实，可以确保模拟法庭实践活动的顺利进行，同时保障参与者和观众的安全。希望同学们能够积极参与，通过此次活动加深对法律的理解和认识，提升法律素养和实践能力。

知识拓展

（一）模拟法庭流程

1. 书记员核对当事人情况。

2. 书记员宣布起立，法官进入。

3. 法官介绍案件基本情况（合议庭组成，原被告，案由等）。

4. 原告宣读起诉书，从诉讼请求开始读。

5. 被告宣读答辩意见。

6. 法官可以提问，归纳辩论焦点。

7. 法庭调查，证据交换：原告出示第一组证据，说明证明内容，传递给被告质证，被告发表质证意见（一般从证据真实性和证明内容两方面说，比如真实性无异议，但所证明内容有异议之类的）。之后出示第二组证据，然后被告出示证据。

8. 法庭辩论，原告先说，被告后说，主要是对有争议的事实进行说明。

9. 法官询问是否调解，若否立即判定。

（二）模拟法庭分类

1. 民事诉讼

民事诉讼，是指民事争议的当事人向人民法院提出诉讼请求，人民法院在双方当事人和其他诉讼参与人的参加下，依法审理和裁判民事争议的程序和制度。

民事纠纷，又称民事争议，是法律纠纷和社会纠纷的一种。所谓民事纠纷，是指平等主体之间发生的，以民事权利义务为内容的社会纠纷（可处分性的）。民事纠纷作为法律纠纷的一种，一般来说，是因为违反了民事法律规范而引起的。民事主体违反了民事法律义务规范而侵害了他人的民事权利，由此而产生以民事权利义务为内容的民事争议。总的来讲，民法就是处理平等主体间人身关系和财产关系的法律规范的总和，所以所有违反这一概念的行为就会引起民事纠纷。

相关法律依据:《中华人民共和国民事诉讼法》《中华人民共和国民法典》

2. 刑事诉讼

我国的刑事诉讼是指人民法院、人民检察院和公安机关在当事人及其他诉讼参与人的参加下，依照法律规定的程序，解决被追诉者刑事责任问题的活动。

根据诉讼的内容和形式不同，诉讼活动可以具体分为刑事诉讼、民事诉讼和行政诉讼三部分。其中，刑事诉讼是指审判机关（人民法院）、检察机关（人民检察院）和侦查机关（公安机关含国家安全机关等）在当事人以及诉讼参与人的参加下，依照法定程序解决被追诉者刑事责任问题的诉讼活动。

相关法律依据:《中华人民共和国刑法》《中华人民共和国刑事诉讼法》

3. 行政诉讼

行政诉讼是指公民、法人或者其他组织认为行政机关的行政行为侵犯其合法权益，向人民法院提起诉讼，由人民法院依法予以受理、审理并作出裁判的活动。简言之，行政诉讼是人民法院适用司法程序解决行政争议的活动。

相关法律依据:《中华人民共和国行政诉讼法》

4. 仲裁

平等主体的公民、法人和其他组织之间发生的合同纠纷和其他财产权益纠纷，可以仲裁，是一种解决纠纷的方式。常见劳动仲裁，劳动争议仲裁是仲裁制度中的一种，旨在解决劳动纠纷。劳动争议仲裁既具有仲裁制度共有的某些特征，同时又有自己的特殊性。

相关法律依据:《中华人民共和国劳动争议调解仲裁法》

五、实践活动记录表

模拟法庭实践活动记录表

<table>
<tr><td>实践内容</td><td colspan="3"></td></tr>
<tr><td>实践时间</td><td></td><td>实践地点</td><td></td></tr>
<tr><td>成员分工</td><td colspan="3"></td></tr>
<tr><td rowspan="3">过程记录</td><td>前期准备</td><td colspan="2"></td></tr>
<tr><td>实践过程</td><td colspan="2"></td></tr>
<tr><td>善后工作</td><td colspan="2"></td></tr>
<tr><td>团队合作程度</td><td colspan="3">☆☆☆☆☆</td></tr>
<tr><td>任务完成情况</td><td colspan="3">☆☆☆☆☆</td></tr>
</table>

续表

<table>
<tr><td>个人自评</td><td colspan="2">☆☆☆☆☆</td></tr>
<tr><td rowspan="2">总结反思</td><td>遇到哪些困难？
如何解决？</td><td></td></tr>
<tr><td>亮点记录</td><td></td></tr>
</table>

实践项目二　宪法知识竞赛

一、实践活动介绍

法治首先乃良法之治。一国的法律体系中，宪法是最高法、根本法。正如习近平总书记所说，“保证宪法实施，就是保证人民根本利益的实现”。我国宪法是在党的领导下充分发扬民主制定的，反映了党的路线方针政策，反映了全国各族人民的意志和利益，是党的主张和人民意志的统一。为了引导广大学生自觉学法、懂法、用法，促进学生掌握法律常识，增强法治观念，提高法律素质，通过举办“学宪法，讲宪法”宪法知识竞赛，进一步提高大一学生学习掌握宪法法律法规基础知识的水平和能力。

二、实践活动目的

1. 加深大一学生对宪法基本内容、原则和精神的理解，增强宪法意识。
2. 通过竞赛形式，激发学生对宪法知识的兴趣，增强学习动力。
3. 培养学生的法治思维，提升依法办事、依法维权的能力。
4. 与国家级、市级宪法知识竞赛相衔接，推送参赛优秀人才。

三、实践活动方案

（一）准备阶段

1. 以班级 / 专业 / 学院 / 学校为单位进行宪法知识竞赛。

2. 决赛建议由马克思主义学院 / 校团委 / 学生处主办，学生会承办知识竞赛。

3. 成立宪法知识竞赛筹备小组，负责策划、组织和实施整个竞赛活动，公平起见，筹备小组成员不能参赛。

4. 确定竞赛时间、地点和参赛对象，发布竞赛通知，动员学生积极参与。

5. 准备竞赛所需的题库，确保题目内容准确、全面，涵盖宪法的各个方面（网上可检索到题库）。

（二）宣传与培训

1. 开展宪法知识宣传活动，通过讲座、海报、微信公众号等多种形式，普及宪法知识。

2. 组织宪法知识培训，邀请法律专业老师或律师进行授课，帮助学生系统掌握宪法内容。

（三）比赛阶段

1. 初赛阶段。以班级为单位进行初赛，采取线上笔试的形式，考查学生对宪法基本知识的掌握情况。根据初赛成绩，选拔优秀选手组成代表队，参加复赛。

2. 复赛阶段。以专业或学院为单位进行复赛，采取现场抢答积分制的形式，题目包括选择题、判断题、简答题等多种题型。

3. 决赛阶段。决赛采取现场抽题 + 答辩形式，参赛选手现场抽取题号进行答题，答对积分，答错可由别的选手回答，答对积分。题型包括选择题、判断题、简答题等多种题型。答辩环节由主评委创设情境提问，分值占比可自行设定。

4. 设立评委团，负责现场评分和点评，确保竞赛的公平、公正。

5. 设置观众互动、场外援助环节，提高活动的趣味性和参与度。

（四）评分标准

1. 客观题评分标准

（1）单项选择题和判断题：每题设置固定分值，如每题 1 分或 2 分。答对则得分，答错或未答则不得分。

（2）多项选择题：根据正确答案的数量设置分值，如每选对一个正确答案得一定分数，但多选、少选或错选均不得分。

2. 主观题评分标准

（1）简答题：根据回答内容的准确性、完整性和条理性来评分。通常，准确理解题目要求，回答内容完整且条理清晰的得分会更高。

（2）论述答辩：除了要求答案准确、完整和有条理外，还会考虑参赛者的分析能力、逻辑推理能力以及语言表达能力。深刻独到的见解和流畅的语言表达通常能获得更高的分数。

3. 额外加分项

在比赛中还可以根据需要设置抢答题、风险题。

（1）抢答题：设置额外加分，以鼓励参赛者积极抢答。答对得分，答错可能不扣分或仅扣除部分分数。

（2）风险题：提供不同分值的风险题，参赛者可根据自身能力和信心选择。答对则获得相应分值，答错则扣除相应分值。

4. 总体表现评分

（1）时间管理：在限定时间内完成答题的参赛者可能获得额外加分或避免扣分。

（2）仪态与表达：对于现场答题或答辩部分，参赛者的仪态、表情、语言表达和发音清晰度等也可能作为评分的参考因素。

5. 最终成绩计算

根据上述标准，对参赛者的每道题目进行评分，并计算总分。

若存在多个参赛者总分相同，可根据抢答题表现、风险题选择等因素进行进一步排名。

（五）总结表彰

1. 表彰颁奖。根据决赛人数和成绩设置奖项，评选出优胜代表队和优秀个人，进行表彰奖励。

2. 总结反思，对活动进行总结和评价，提出改进意见和建议。

四、实践注意事项

（一）竞赛公平性保障

1. 确保竞赛题目的难易程度和覆盖范围对所有参赛者公平一致，避免出现偏差或偏见。

2. 竞赛过程中，设立严格的监督，防止作弊行为的发生。

3. 评委团成员应具备专业素养和公正态度，确保评分过程公平、透明。

（二）活动安全性考虑

1. 活动现场应设置明显的安全警示标识，并配备必要的安全设施和人员，确保参与者的人身安全。

2. 在竞赛过程中，要密切关注现场秩序，防止发生拥挤、踩踏等意外事件。

3. 提前与校方或场地管理方沟通，确保活动场地符合安全标准，并遵守相关规定。

（三）竞赛规则明确性

1. 在竞赛开始前，应详细向参赛者解释竞赛规则，确保每位参赛者都清楚了解竞赛流程和评分标准。

2. 在竞赛过程中，对于任何有疑问或争议的问题，应及时与评委团沟通，并做出明确解释和裁决。

3. 赛题设置。竞赛题目通常涵盖宪法的基本内容、原则和精神，题型可能包括单项选择题、多项选择题、判断题等。每种题型都有特定的答题要求，如多项选择题要求至少有两个正确答案，多选、少选、错选或者不选均不得分。

4. 答题方式。参赛者需要在规定的地方答题，并填写清楚姓名、班级、专业、联系方式等个人信息，以便通知成绩。

（四）观众参与度提升

1. 设置观众互动环节时，要确保活动有趣且富有启发性，吸引观众的积极参与。

2. 在互动过程中，要注意控制时间和节奏，避免影响竞赛的正常进行。

（五）后续工作跟进

1. 活动结束后，及时对竞赛结果进行公示，并对获奖者进行表彰奖励。

2. 总结竞赛经验，分析存在的不足和问题，提出改进措施和建议，为后续活动提供参考。

五、实践安全防范措施

（一）场地安全

确保比赛现场的场地安全，无尖锐物品、易燃易爆物品等安全隐患。

（二）人员安全

参与现场比赛的人员应遵守活动规则，不得进行危险动作或行为，确保自身和他人的安全。

（三）医疗准备

如有需要，可提前联系校医院或附近医疗机构，以便在发生意外情况时能够及时得到医疗救助。

通过加强注意事项和安全防范措施的落实，可以确保知识竞赛的顺利进行，同时保障参与者和观众的安全。希望同学们能够积极参与，通过此次活动加深对法律的理解和认识，提升法律素养和实践能力。

六、实践活动记录表

宪法知识竞赛实践活动记录表

<table>
<tr><td>实践内容</td><td colspan="4"></td></tr>
<tr><td>实践时间</td><td colspan="2"></td><td>实践地点</td><td></td></tr>
<tr><td>成员分工</td><td colspan="4"></td></tr>
<tr><td rowspan="3">过程记录</td><td>前期准备</td><td colspan="3"></td></tr>
<tr><td>实践过程</td><td colspan="3"></td></tr>
<tr><td>善后工作</td><td colspan="3"></td></tr>
<tr><td>团队合作程度</td><td colspan="4">☆☆☆☆☆</td></tr>
<tr><td>任务完成情况</td><td colspan="4">☆☆☆☆☆</td></tr>
</table>

续表

<table>
<tr><td>个人自评</td><td colspan="2">☆☆☆☆☆</td></tr>
<tr><td rowspan="2">总结反思</td><td>遇到哪些困难？
如何解决？</td><td></td></tr>
<tr><td>亮点记录</td><td></td></tr>
</table>

实践项目三　社区（村镇）法律宣讲

一、实践活动介绍

为了加强新时代法治思想深入人心，进一步增强人民群众的法治观念和法律意识，提高法律素养，精准回应不同群体和对象法治关切，巩固新时代大学生所学的法律知识，鼓励践行“奉献、友爱、互助、进步”的志愿服务精神，开展法律知识进社区（村镇）的宣讲活动，更好地满足新时代人民群众对法治教育的多元需求。

二、实践活动目的

1. 提高大一学生的法律意识和法治素养，增强他们运用法律知识解决实际问题的能力。

2. 鼓励大学生践行“奉献、友爱、互助、进步”的志愿服务精神。

3. 通过向社区（村镇）居民普及法律知识，帮助他们更好地维护自身合法权益，构建和谐社区（村镇）。

4. 搭建学生与社区（村镇）之间的交流平台，增进彼此了解，促进校园与社区（村镇）的融合发展。

三、实践活动方案

（一）准备阶段

1. 成立法律宣讲团，选拔具备一定法律知识和宣讲能力的大一学生作为成员。

2. 确定宣讲主题和内容，围绕社区（村镇）居民关心的法律问题，如防范电诈、非法集资、邻里纠纷、物业管理、消费者权益保护等。

3. 准备宣讲材料，包括 PPT、宣传册、案例分析等。

4. 与社区（村镇）进行初步沟通，了解社区（村镇）的基本情况和居民需求。

（二）宣传推广

1. 校园宣传

（1）制作精美的海报和宣传单，张贴在校园内的公告栏、食堂、图书馆等显眼位置。

（2）利用校园广播、微信公众号等媒体平台，定期发布活动信息和动态。

（3）发动学生社团和班级力量，通过班级群、社团群等渠道进行宣传。

2. 社区（村镇）宣传

（1）与社区（村镇）管理部门合作，在社区（村镇）公告栏、电梯间等地方张贴活动海报。

（2）通过社区（村镇）微信公众号、业主群等渠道，向居民推送活动信息。

（3）在社区活动中心或广场设立宣传摊位，向过往居民发放宣传册，介绍活动内容和意义。

3. 媒体宣传

（1）联系当地电视台、报社等媒体，邀请他们报道活动情况。

（2）在学校官网、社区（村镇）网站等平台上发布活动新闻稿，扩大活动影响力。

（三）宣讲阶段

1. 在社区（村镇）设立宣讲点，悬挂横幅，摆放宣传展板，吸引居民关注。

2. 宣讲团成员轮流上台，结合案例进行法律知识的讲解和普及。

3. 设置互动环节，邀请居民提问，宣讲团成员进行解答。

4. 发放宣传册，方便居民日后查阅和学习。

（四）总结反馈阶段

1. 活动结束后，组织宣讲团成员进行总结，分析活动效果和不足。

2. 向社区（村镇）反馈活动情况，收集居民的意见和建议，为今后的活动提供参考。

四、如何与社区（村镇）沟通

（一）联系社区（村镇）管理部门

1. 通过电话、邮件或实地拜访等方式，与社区（村镇）管理部门取得联系。

2. 介绍活动目的和内容，表达合作意愿，并了解社区（村镇）的基本情况和居民需求。

（二）确定合作细节

1. 与社区（村镇）管理部门协商确定宣讲活动的具体时间、地点和形式。

2. 明确双方的责任和义务，确保活动的顺利进行。

（三）建立长期合作关系

1. 在活动结束后，与社区（村镇）管理部门保持联系，定期交流社区（村镇）法律需求。

2. 探索更多合作形式，如定期举办法律讲座、小品相声宣讲、开设法律咨询热线等，为社区（村镇）居民提供更便捷的法律服务。

五、实践活动预算

为了确保活动的顺利进行，我们需要对活动进行预算规划，具体预算如下。

（一）材料费用

1. 宣传册、展板制作费用：预计 ××× 元。

2.PPT 制作及打印费用：预计 ××× 元。

3. 横幅、海报制作费用：预计 ××× 元。

（二）交通费用

1. 往返社区（村镇）的车费或租车费用：预计 ××× 元。
2. 若有需要，可预算一定数额的市内交通费用，预计 ××× 元。

（三）餐饮费用

考虑到活动可能需要一整天，需为宣讲团成员和工作人员提供简单的餐饮，预计 ××× 元。

（四）小礼品费用

为吸引居民参与互动环节，准备一些小礼品，预计 ××× 元。

（五）其他费用

包括出行保险费、通信费、打印费、临时支出等，预计 ××× 元。

总预算：××× 元

六、实践注意事项

（一）确保宣讲内容准确无误

1. 材料准备：确保宣讲材料内容准确、完整，语言通俗易懂。PPT、宣传册等应提前打印并备份，以防现场设备故障或数量不足。
2. 对于不确定的问题，应提前咨询专业法律人士，避免误导居民。

（二）场地布置

1. 场地选择：选择宽敞、明亮、通风良好的场地，确保居民能够舒适地听讲。
2. 布置宣传物品：在场地周围设置横幅、海报等宣传物品，吸引居民注意。同时，将宣传册、小礼品等摆放在显眼位置，方便居民取阅。

（三）注意宣讲方式和方法

1. 宣讲过程中，应注重语言通俗易懂，避免使用过于专业的法律术语。

2. 结合案例进行讲解，使居民更容易理解和接受。

3. 注意控制宣讲时间，避免过长或过短影响效果。

（四）尊重社区（村镇）居民

1. 时间安排：选择社区（村镇）居民相对空闲的时间段进行宣讲，避免与他们的工作或休息时间冲突。同时，要预留足够的时间进行互动环节和应对可能的意外情况。

2. 在宣讲过程中，应尊重社区（村镇）居民的意见和想法，避免产生不必要的争执。

3. 对于居民的提问和反馈，应耐心解答和回应。

（五）确保活动安全有序

1. 确保场地安全：检查场地内的设施是否完好，如电线、插座等，确保居民和宣讲团成员的人身安全。

2. 维持秩序：在宣讲过程中，要维持现场秩序，避免发生拥挤、混乱等情况。可以设立专门的秩序维护人员，负责引导居民入座、维持现场秩序等。

通过本次进社区（村镇）法律宣讲活动，相信大一学生能够在实践中提升法律素养，同时也能够为社区（村镇）居民提供有益的法律服务，促进校园与社区（村镇）的和谐发展。

七、实践活动记录表

社区（村镇）法律宣讲实践活动记录表

<table>
<tr><td>实践内容</td><td colspan="3"></td></tr>
<tr><td>实践时间</td><td></td><td>实践地点</td><td></td></tr>
<tr><td>成员分工</td><td colspan="3"></td></tr>
<tr><td rowspan="3">过程记录</td><td>前期准备</td><td colspan="2"></td></tr>
<tr><td>实践过程</td><td colspan="2"></td></tr>
<tr><td>善后工作</td><td colspan="2"></td></tr>
<tr><td>团队合作程度</td><td colspan="3">☆☆☆☆☆</td></tr>
<tr><td>任务完成情况</td><td colspan="3">☆☆☆☆☆</td></tr>
</table>

续表

个人自评	☆☆☆☆☆	
总结反思	困难解决	
	亮点记录	